Eva Rudy Jansen

Klangschalen

Zimbeln, Donnerkeile und Glocken

Funktion und Anwendung

Verlag Binkey Kok Publication BV, Havelte (NL)

CIP-GEGEVENS KONINKLIJKE BIBLIOTHEEK, DEN HAAG

Jansen, Eva Rudy

Klangschalen, Zimbeln, Donnerkeile und Glocken : Wirkung und Verwendung / Eva Rudy Jansen;
[ill. Eva Rudy Jansen ; Fotogr. G. Boer ... et al.] – Diever : Binkey Kok. – Ill., foto's
Met lit. opg.
Die Originalausgabe erschien 1990 unter dem Titel 'Klankschalen, werking en gebruik' im Verlag Binkey Kok, Diever.
Aus dem Niederländischen übersetzt von Karin Reitzig, Teil 5 von Taimi Zaeske
ISBN 90-74597-36-X
SISO 415.2 UDC 159.66:781.22
Trefw.: spiritualiteit / muziektherapie

Impressum

Verlag	: Binkey Kok, Havelte Hofstede de Weide Hoek Havelte, (NL)
Abgebildete Schalen	: Kollektion Binkey Kok, Havelte, (NL)
Fotografie	: G. Boer, Hoogeveen, (NL) B. Wieringa, Hoogeveen, (NL) Dr. Bob F. Deys
Zeichnungen	: Eva Rudy Jansen
Druck	: Druckerei Bariet, Ruinen (NL)
Satz	: Snelzet, Smilde (NL)

Distribution für Deutschland:
B.M. Vertriebsservice – Bruno Martin
Postfach 1123
D 21394 Kirchgellersen
Tel. 04135-414
Fax. 04135-7745

ISBN 90-74597-36-X

Einführung

Eine Reise von vielen hundert Kilometern beginnt an der Stelle,
wo jemand seinen Fuß hinsetzt.

Laotse
(Tao Te King)

Die große Metallschale wiegt schwer in meiner Hand. Ich schlage zurückhaltend mit einem Filzklöppel gegen den Rand. Ein summender, singender Klang hüllt mich ein; ein tiefer, brummender Unterton mit stufenweise anschwellenden Obertönen. Ich schlage erneut und immer wieder. Und je öfter ich diesen Vorgang wiederhole, desto mehr füllt sich der Raum, in dem ich sitze, mit Klang, desto ruhiger wird es in mir selbst. Das Bewußtsein von Zeit verebbt. Ich ruhe im Klang und der Klang ruht in mir. . .

Ähnlich wie ich erleben auch andere das Phänomen der Klangschalen (singende Schalen, Singing bowls, Tibetan bells, wie sie auch genannt werden). Konzert, Kassette, Schallplatte oder möglicherweise auch die sogenannte Klangschalenmassage machen einen immer größeren Personenkreis mit dem seltsamen singenden Klang bekannt. Und immer öfter entschließt man sich begeistert, selbst eine solche Schale anzuschaffen. Die Erscheinung Klangschalen spricht sich herum, aber die Herkunft und ursprüngliche Funktion dieser Schalen bleibt ein Rätsel. Die wenigen, die wirklich etwas mehr darüber wissen – weil sie jahrelang mit diesen Schalen arbeiten, die Grenzstaaten des Himalaya bereisen oder bereist haben oder sich in intensiven Untersuchungen mit diesem Phänomen befassen – sie alle geben unterschiedliche Auskünfte. Zwar stimmen die Informationen in gewissen Punkten überein, andererseits widersprechen sie sich aber auch. Was soll der arglose Klangschalenamateur, der fasziniert vom Klang und neugierig nach der Herkunft ist und etwas mehr über die Verwendung wissen möchte, nun eigentlich glauben?
Nach monatelangen Untersuchungen, Nachforschungen und Gesprächen mit den wenigen 'Fachleuten', die ich auf diesem Gebiet in Holland finden konnte, bin ich jedenfalls zu dem einen Resultat gekommen: jeder tut gut daran, einfach das Seine zu denken. Die Erfahrung von Klang ist und bleibt das Wichtigste. Mit diesem Büchlein beabsichtige ich eigentlich nur, die unterschiedlichen Ansichten miteinander zu verknüpfen. Daß dabei lose Fäden übrig bleiben, läßt sich nicht vermeiden. Weiter habe ich versucht, die Erscheinung Klang, seine Wirkung im allgemeinen und die Wirkung von Klangschalen im besonderen näher zu beleuchten und zu erklären. Oft wird angenommen, der Einfluß von Klangschalen auf Körper und Geist sei eine Frage der 'Suggestion', man müsse doch wenigstens daran glauben, um etwas von dem Einfluß zu erfahren. Aber niemand behauptet, man müsse an die Musik glauben, um sie hören zu können. Klang ist ein natürliches Phänomen; das körperliche Registrieren von Klang ist ein Vorgang, der sich auch mit physikalischen oder biologischen Begriffen erklären läßt; das heißt, man kann beschrei-

ben, wie etwas funktioniert. Warum das so so ist, worin die Wirkung liegt. . . das ist ein Geheimnis, das sich hinter allen Dingen verbirgt und für das jede Weltanschauung eine andere Deutung zu geben versucht. Auffällig ist, daß sich die Deutungen im Prinzip relativ ähnlich sind. Aus ihnen spricht ein Wissen um manchmal erst kürzlich (wieder)entdeckte, natürliche Phänomene, die in sich wieder einen geheimen Ursprung haben. . . Geheimnisse hüten sich selbst und offenbaren sich letztendlich nur dem, der bereit ist, sich einen eigenen Weg im Labyrinth der Erscheinungen und Erklärungen zu suchen. Einen Weg, der, wenn man die eigene Erfahrung und Intuition als Leitfaden nimmt, zur Einsicht ins Mysterium hinführt.

Dieses Büchlein erhebt nicht den Anspruch, vollständig zu sein oder 'die Wahrheit' zu kennen. Es will nicht mehr sein als eine Bestandsaufnahme von Meinungen, Einsichten und Erscheinungen.

Eine Bestandsaufnahme, die sich für den Leser als Wegweiser erweist. Der praktische Teil enthält eine Anleitung, der u.a. Methoden anbietet, eine eigene Klangschale auszusuchen und kennenzulernen.

Im Text selbst habe ich die Quellen, aus denen ich meine Ansichten, Angaben oder mein Wissen schöpfte, nicht ständig erwähnt. Nicht weil es mir an Respekt oder Anerkennung mangelt. Es ging mir darum, den Text so lesbar wie möglich zu machen und alle einzelnen Informationsbröckchen zu einem einheitlichen Ganzen zu verarbeiten. Eine vollständige Übersicht meiner schriftlichen und mündlichen Quellen ist im Anhang zu finden.

In einem Punkt waren sich alle meine Lehrer einig: Klang, darüber kann man zwar reden, aber letztendlich ist die eigene Erfahrung der einzige Weg: der Weg zum Klang und über den Klang der Weg ins Innere. Dort offenbaren sich im Herzen des Labyrinths immer neue Welten, die man erforschen kann, so wie man lernen kann, die verschiedenen Töne einer Klangschale zu unterscheiden: man muß nur gut lauschen. . .

Teil 1

Erste Bekanntschaft

Es gibt nichts auf der Welt, das nicht zu uns spricht.
Jeder und alles offenbart ständig seine Natur,
seinen Charakter, seine Geheimnisse.
Je mehr wir unsere inneren Sinnesorgane öffnen,
desto besser sind wir imstande,
die Stimme von allem aufzunehmen.

Hazrat Inayat Khan
(Muziek en Mystiek)

Begegnung zwischen Ost und West

Bis zur ersten Hälfte dieses Jahrhunderts waren Reisen in ferne Länder vornehmlich Kaufleuten, Eroberern, Missionaren, Anthropologen und reichen Bürgern vorbehalten, auch in etwa dieser Reihenfolge. Sie kehrten von solchen Unternehmungen mit Berichten heim, die stark von ihrem eigenen Weltbild gefärbt waren. Folglich wurden die Einwohner anderer Erdteile vorwiegend als Barbaren, Wilde, Heiden bezeichnet und ihre Lebensanschauungen, Weltbilder und Religionen wurden geringschätzig als Aberglaube, Abgötterei und eventuell auch als kindlich abgetan. Nicht daß keiner der Reisenden den Überzeugungen des Gastlandes mit Respekt begegnete. Einige, wie die Französin Alexandra David-Neel, die sich zum Buddhismus bekehrte, machten die neuen Anschauungen zum Leitfaden ihres eigenen Lebens. Aber es waren Ausnahmen.

In den 60er Jahren kam es zu einem Umschwung. Von Kalifornien aus verbreitete sich die neue Jugendkultur, die 'Hippie-Bewegung', über die westliche Welt. Schlagworte waren: Flower-Power, Bewußtseinserweiterung, Friede auf Erden und in den Menschen selbst, aber auf eine neue Weise. Begleitet von den Beatles richtete man zunächst den Blick und dann auch den Schritt fernöstlich. Nicht mit einem vollen Geldbeutel in der Tasche oder auf der Suche nach materiellem Reichtum, sondern trampend und voller Sehnsucht nach neuen geistigen Werten.

Ost und West begegneten sich in den indischen Ashrams und den nepalesischen Bergen. Und jetzt waren die aus dem fernen Osten die Meister und die aus dem Westen die folgsamen und neugierigen Jünger. Sie hofften nicht nur, eine neue Lebensanschauung und Spiritualität zu finden, sondern trafen auch auf die unbekannte Welt des Klangs. Die Bedeutung und Nutzung von Klang, wie sie in Asien noch reichlich anzutreffen ist, war vielleicht auch im westlichen Kulturkreis nicht zu allen Zeiten unbekannt, ist jedoch allmählich unter dem straffen Reglement rationalistischen Denkens verschwunden, falls sie nicht schon in Europa mit den Druiden und in Amerika mit den Indianern ausgerottet wurde.

Eins der klangreichsten Phänomene, dem der 'spirituelle Tourist' in den Gebieten südlich des Himalaya begegnete, waren die 'singenden Schalen', die später auch durch Mund zu Mund Propaganda in den Vereinigten Staaten und in Europa auftauchten. Diese runden Metallschalen sind von unterschiedlicher Größe, manchmal glänzend, manchmal matt, golden und ab und zu auch schwärzlich. Wenn man gegen sie klopft, schlägt oder reibt, lassen sie einen wunderlichen, anschwellenden Ton hören. Vielen wird es ungefähr so wie Binkey Kok ergangen sein, der berichtet:

> „Ich reise so ungefähr seit zwanzig Jahren in den fernen Osten. Vor ungefähr 10 oder 12 Jahren sah ich bei einem Tibetaner, von dem ich manchmal Schmuck kaufte, eine bronzene Schale und ich fragte, was das sei. Er klopfte mit einem Nagel gegen das Schälchen und dann hörte ich einen ganz bekannten und doch auch wieder unbekannten Ton. Ich war hingerissen. Ich dachte: das will ich auch haben. Aber der Tibetaner verkaufte das Schälchen nicht. Ein oder zwei Tage später hatte er für mich ein anderes Exemplar, dessen Herkunft er nicht preisgeben wollte. Spricht man darüber, dann sind es einfach Eßnäpfe, Haushaltswaren."

Es kann Zufall sein, daß hier von einem Tibetaner die Rede ist. Aus anderen Berichten habe ich nie entnommen, daß jemand eine Klangschale in Tibet selbst gehört oder gekauft hat. Aber das schließt nicht aus, daß solche Schalen dort zu finden sind. Der Bericht kann ebensogut ein zuverlässiger Hinweis darauf sein, daß Klangschalen wohl aus Tibet kommen. Dann wären sie, bedingt durch den chinesischen Einfall 1951 in Tibet, in die westliche Öffentlichkeit gelangt. Zunächst verschonten die Besetzer die lamaistischen Klöster und deren Bewohner, aber dann begannen sie eine systematische Vernichtung. Tausende von Mönchen wurden getötet, die meisten der Uberlebenden flohen. Mehr als 90 Prozent aller Klöster und Tempel wurde dem Erdboden gleichgemacht. Auf ihrer Flucht konnten die Mönche natürlich nicht viel mitnehmen, und was sie haben retten können, mußten sie später aus purer Not auch noch verkaufen. So tauchten auf den Märkten und Basaren von Nepal und Nordindien religiöse Gegenstände des Lamaismus auf. Darunter können sich auch solche Schalen befunden haben, die jetzt im Westen als Klangschalen bekannt sind. Die Frage, ob diese Schalen auch ursprünglich eine solche Funktion hatten, wird in diesem Buch später noch näher erläutert werden. Die Erfahrung von Joska Soos scheint jedenfalls zu bestätigen, daß diese Schalen zum rituellen Gebrauch gedacht waren. Er erzählt, daß er zu Beginn der 80er Jahre nach England ging, um dort in einem Lama-Kloster eine längere Retraite zu halten. Die Lamas hörten ihn an, studierten sein Horoskop und gaben ihm den Rat, sich intensiv mit Klang zu beschäftigen, wenn er seine geistige Entwicklung beschleunigen wolle.

> „Sie nahmen mich mit in einen kleinen Raum und dort standen die Schalen. Sie ließen sie hören. Später haben sie mir eine Reihe von Schalen mitgegeben. Ich brauchte die Retraite

nicht zu halten. Ich könne meinen Weg besser durch eine verstärkte Beschäftigung mit Klang intensivieren. Das tat ich mit aller Liebe, ohne etwas zu forcieren. Und langsam erwachte alles zum Leben, das ganze Universum öffnete sich. Die Lamas selbst benutzen die Schalen nur bei geheimen Riten; verwendet werden sie von denen, die sich selbst 'Meister des Klangs' nennen dürfen, die gelernt haben, alle Riten auf die rechte Weise zu singen und die die rituellen Instrumente auf die rechte Weise bespielen können.
Diese Männer benutzen die singenden Schalen in geheimer Absonderung. Nicht in der Öffentlichkeit und auch nicht vor den anderen Mönchen. Es ist strikt verboten, darüber zu sprechen, und man hört auch nichts über singende Schalen. Das hat damit zu tun, daß man dem Wissen um Klang eine große Macht nachsagt. Der Klang ermöglicht es, sich fortzubewegen, ohne sich von der Stelle zu rühren. Man stellt eine Verbindung her zu den Planeten und deren Geist, zu dem unterirdischen Reich Aggartha und zu Shamballa, dem irdischen Zentrum der Unsterblichen. Selbst ein Lama, der eine solche Schale in der Hand hält, und den man fragt, ob man die Schalen zu einem psychischen, psychologischen oder physischen Zweck verwendet, lächelt nur ein wenig und sagt: 'Vielleicht'."

Meister des Klangs

Geheimnisse hüten sich selbst. Wenn diese Erfahrung von Joska Soos kein Einzelfall ist und wenn auch in anderen tibetanischen Klöstern 'Meister des Klangs' hinter geschlossenen Türen mit singenden Schalen arbeiten, dann haben sie ihr Geheimnis tatsächlich gut gehütet. Zumindest was die singenden Schalen betrifft. 'Die Meisterschaft des Klangs' ist öfter bekundet. So beschreibt Erik de Bruijn in seinem Buch 'Tantra, Yoga en Meditatie' die symbolische Zusammensetzung tibetanischer Tempelorchester.

„(. . .) Die Klänge, die diese Musikinstrumente hervorbringen, formen das genaue Gegenstück zu den inneren Tönen, die im Zustand vollkommener Stille im Körper wahrzunehmen sind. Verschließt man die Ohren vor den Geräuschen der Außenwelt, so hört man sein eigenes Blut rauschen, und nach einiger Zeit kann man auch den Rhythmus des Herzens vernehmen. Erfahrene Mönche besitzen ein starkes Konzentrationsvermögen und können sogar die feinsten Schwingungen, die bei verschiedenen organischen Prozessen im Körper entstehen, deutlich wahrnehmen. Die Eigenschaften dieser Körpertöne werden in der tibetanischen Musikästhetik genauestens beschrieben. Man spricht u.a. von rauschenden, klopfenden, dröhnenden, prasselnden, klagenden, stöhnenden und tosenden Geräuschen.

> Die Instrumente des tibetanischen Tempelorchesters bringen genau solche Töne hervor, die den Körpertönen entsprechen. Die Muscheltrompeten z.B. symbolisieren Summen oder Rauschen, das Klopfen entsteht durch die Handtrommeln, das Dröhnen durch die großen Trommeln und die Becken, das Prasseln durch die Priestermuscheln und das Klagen durch die Schalmeien. (. . .)"

1983 arbeiteten niederländische Künstler und Musiker gemeinsam an einem Projekt, bei dem Körpertöne – wie Herzschlag und das Strömen des Blutes – verstärkt aufgenommen und in Form eines Theaterstückes als eine 'hörbare Reise durch den eigenen Körper' präsentiert wurden. Erik de Bruijn besuchte die Vorstellung und ihm wurde damals ganz deutlich, wie exakt die tibetanischen Mönche die Körpergeräusche wahrgenommen hatten. 'Was ich hörte, war genau der Klang des tibetanischen Tempelorchesters!'

Eine wundersame Erfahrung mit Klang beschreibt Alexandra David-Neel in ihrem Buch 'Heilige und Hexer in Tibet'. Als sie in Tibet das Bönkloster in Tesmon besucht und den Tempel dort betritt, wird gerade ein Gottesdienst abgehalten. Ein Lama ist mit einem magischen Diagramm (kyikhor) und mit geweihtem Gebäck (tormas) beschäftigt. Während Alexandra zuschaut, kommt einer ihrer Träger dazu. Er läßt deutlich merken, daß das Ganze ihn nicht sonderlich beeindruckt und wird daraufhin weggeschickt. Er widersetzt sich heftig und beleidigt obendrein noch die Lamas, indem er ruft, die tormas seien aus gewöhnlichem Brotteig gebacken.

> „(. . .)Als der Mann nach vorne kam, ergriff der Bönpo (1) einen Chang (2) der neben ihm stand und wirbelte ihn rund. Ein merkwürdiges Geräusch mit allerlei wilden Schreien erfüllte den Raum mit einer Woge von Schwingungen und schmerzte in den Ohren. Der respektlose Bauer schrie und taumelte rückwärts, die Arme weit von sich gestreckt, als wolle er etwas abwehren.
> 'Weg!', wiederholte der Lama nochmals.
> Die anderen Männer eilten auf ihren Kameraden zu, um ihn zu stützen, und verließen den Tempel in heftiger Erregung. 'Dong! dong! erklang noch immer der Ton der Trommel und skandierte den dumpfen Gesang des Bönpö, der wieder vor seinem magischen Diagramm Platz genommen hatte.
> Was war geschehen? – Ich selbst hatte, außer dem merkwurdigen Ton, nichts bemerkt. Ich ging raus zu meinen Trägern und fragte sie. Der Bösewicht, der den Gottesdienst gestört hatte, war inzwischen ganz kleinlaut geworden.

'Ich sage Ihnen, es war eine Schlange', ergänzte er die Worte der Anderen, die im Innenhof um ihn herum saßen. 'Eine Schlange aus Feuer kam aus dem Chang'.
'Hast du eine Schlange aus Feuer gesehen?' fragte ich. 'Und bist du deshalb zurückgewichen?' 'Haben Sie denn nichts gesehen? Sie kam aus dem Chang, als der Lama darauf schlug.' 'Du mußt geträumt haben', antwortete ich, 'mir ist nichts aufgefallen.'
'Wir haben die Schlange zwar nicht gesehen, wohl aber Lichtblitze, die aus dem Chang kamen', erklärten die anderen Bauern.
Kurzum, sie alle hatten ein Wunder erblickt, nur ich unwürdige Ausländerin war blind gewesen."

Die Autorin beschließt, sich bei dem Lama zu entschuldigen und dieser reagiert wohlwollend.

„(. . .) Die Verpflichtungen, die meine Höflichkeit mir vorschrieben, waren beendet. Der Bönpo schwieg noch immer. Ich sollte wohl gehen. Aber die bizarren Töne, die ich gehört hatte, und die ungewöhnliche Vision der Dorfbewohner beschäftigten mich immer noch. Unbewußt schaute ich zum Chang, dem sichtbaren Ausdruck dieser Phantasmagorie. Als hätte er meine Gedanken erraten, fragte der Lama mit einem spöttischen Lächeln: 'Möchten Sie nochmal hören wie es klingt?'
'Ja gerne Kouchog, wenn Sie nichts dagegen haben. Das Instrument hat einen sonderbaren Klang, wenn Sie mich den noch mal hören lassen könnten. . . '
'Sie können es selbst bespielen', meinte er und reichte mir das Instrument an.
'Damit habe ich keine Erfahrung', gab ich zu bedenken. Und der Ton, den ich hervorbrachte, war tatsächlich in keiner Weise mit dem zu vergleichen, was ich beim ersten Mal gehört hatte. 'Ich verfüge nicht über Ihre Fertigkeiten, Kouchog', sagte ich zu dem Lama und reichte ihm das Instrument zurück. 'Bei mir kommen keine Schlangen aus dem Chang.' Der Bönpo sah mich fragend an. Wollte er mich nicht verstehen, oder begriff er wirklich nicht? 'Ja', fuhr ich fort, 'der Flegel, der sich Ihnen gegenüber so schlecht benommen hat, behauptet, er habe gesehen, daß aus Ihrem Chang eine feurige Schlange kam, die sich auf ihn stürzen wollte. Die anderen haben Blitze oder Funken wahrgenommen.'
'Das ist die Kraft des Zoung (3), den ich ausgesprochen habe', erklärte der Lama mit Nachdruck. Etwas leiser ergänzte er:
'Die Töne erzeugen Formen und Wesen. . . Die Töne erwecken sie zum Leben.' Ich nehme an, daß er einen Text zitierte.
'Das behaupten auch die Menschen in Indien, die Tchirolpas (4)', griff ich das Thema auf, und hoffte so, den Bönpo zu einer Fortsetzung bewegen zu können und etwas mehr uber

seine Ansichten zu erfahren. Ich fügte noch hinzu:
'Aber manche Menschen glauben, die Kraft des Gedankens sei stärker als die des Tones.'
'Es existieren auch Lamas, die sich dieser Meinung anschließen', meinte der Bönpo.
'Jeder wählt seine eigene Sicht. . . Die Methoden unterscheiden sich. Ich bin ein Meister des Klangs. Mit Tönen kann ich Lebendiges töten und Totes auferstehen lassen. . . '
'Kouschog, diese beiden Aspekte, Leben und Tod, existieren sie wirklich als zwei vollkommen unterschiedliche Gegenpole?'
'Sind Sie ein Dzogtchénpa (5)?' fragte mich der Mann.
'Einer meiner Lehrer ist ein Dzogtchénpa', antwortete ich ausweichend.
Der Bönpo schwieg. Ich wollte das Gespräch wieder auf das Thema Leben und Tod lenken und seine Theorien darüber erfahren, aber sein Schweigen war wenig ermutigend. Mußte ich das als eine höfliche Manier, mich zum Gehen zu bitten, interpretieren?
Aber in diesem Augenblick murmelte der Bönpo etwas, nahm sein Instrument und ließ es ein paar Mal erschallen.
Es war wie ein Wunder! Statt des angsteinjagenden Tones, den er beim ersten Mal hören ließ, statt des wenig Harmonischen, das ich selber zustande gebracht hatte, hörte ich ein wohlklingendes Glockenspiel von silbernen Schellen. Wie war das möglich? War dieser Bönpo vielleicht ein Künstler, der sich aus der Welt zurückgezogen hatte, und konnte vielleicht jeder mit entsprechender Übung aus einem so primitiven Instrument wie dem Chang dieselben unterschiedlichen Effekte herausholen; oder mußte ich glauben, was er so stolz berichtet hatte, daß er ein 'Meister des Klangs' sei?
Mein Wunsch, das Gespräch mit dem Lama fortzusetzen, wuchs. Würde es mir gelingen, ihn zu bewegen, das Geheimnis des Chang zu lüften?(. . .)"

Hier wird das Gespräch zum Leidwesen von Alexandra abgebrochen. Erst am folgenden Tag lädt der Lama sie zum Tee ein, und sie kann auf das Gespräch zurückkommen. Der Lama beginnt mit Höflichkeiten und Fragen über Indien.

„(. . .) Ich beherrschte mich, versuchte seine Neugierde zu befriedigen und hoffte, daß auch ich dann die Gelegenheit haben würde, meinerseits Fragen zu stellen. Das geschah, als er auf die Doubthobs (6) in Indien zu sprechen kam.
'Es ist nicht notwendig nach Indien zu reisen, um Menschen mit solchen Gaben zu begegnen', sagte ich zu ihm.
'Sie selbst haben mir das meines Erachtens nach gestern bewiesen. Im Übrigen betrachten auch die Hindus Tibet mit Ehrfurcht und als Zufluchtsort für die großen Weisen. Sie

nehmen an, daß in Tibet Magier leben, die mächtiger als ihre eigenen sind.'
'Das ist möglich', meinte der Bönpo, 'ich selbst bin nie in Indien gewesen. . . Sie denken an den Chang, nichtwahr? Warum messen Sie etwas so Unwichtigem eine solche Bedeutung bei? In Tönen sind ganz andere Geheimnisse verborgen.
Alle Wesen, alle Dinge, selbst die, die keine Seele zu haben scheinen, bringen Töne hervor. Jedes Wesen, jedes Ding hat eigene, spezifische Töne, die sich verändern, abhängig von der Phase, in der sich das Wesen befindet. – Alles ist eine Konzentration von Atomen (Rdul Phra), die tanzen, sich bewegen und Töne produzieren.
Am Urbeginn, so sagt man, formte der Wind runddrehende Wirbel, die Gyatams, sie sind die Basis unserer Welt.(7) Diese Windbewegung war wohllautend. Und es war der Ton des Windes, der Form und Materie der Gyatams zu einem Ganzen vereinte. (8) Die ersten Gyatams sangen, und aus ihnen entsprossen Formen, und diese schufen wiederum durch die Kraft der Töne, die sie hervorbrachten, andere Formen. Das gilt nicht nur für alles, was früher geschah; das ist auch heutzutage noch so. Jedes Atom singt ohne Unterbrechung sein Lied, und in jedem Augenblick werden durch diese Töne gröbere oder feinere Substanzen geschaffen. Und so wie es kreative Töne gibt, die zusammenfügen, so gibt es auch destruktive Töne, die vernichten können, die auflösen. Wer fähig ist, beide Arten von Tönen zu erzeugen, kann ganz nach Belieben schaffen oder zerstören. Im Prinzip könnte ein Doubthob, der 'den Urklang der Vernichtung' hervorzubringen vermag – der Ton, der allen vernichtenden Tönen (9)zugrunde liegt – diese Welt auslöschen und auch die Welt der Götter, bis hin zur Welt der großen Dreiunddreißig, von der die Buddhisten sprechen.'
Nach dieser Darlegung verabschiedete sich der Bönpo, wünschte mir schönes Wetter für den folgende Tag und eine glückliche Reise.
Die Ausführung solcher für mich dunklen Theorien war sicher sehr aufschlußreich, doch brachte sie mich dem 'Geheimnis des Chang' in keiner Weise näher.(. . .)"

Für Alexandra David-Neel waren es dunkle Theorien. Doch diese Vorstellungen des Lama tauchen überall auf der Welt in variierenden Erzählungen auf. Die Anschauung über tanzende Atome, die Töne erzeugen, ähnelt übrigens in verblüffender Weise den Theorien der modernen Physik. . .

Anmerkungen

Die folgenden Anmerkungen, die dem Text von Alexandra David-Neel wörtlich entnommen sind, erklären nur diejenigen Begriffe, die zum Textverständnis unbedingt erforderlich sind.

1. Anhänger der Bönreligion
2. Changs, wird geschrieben: gshang, sind Musikinstrumente, die vorwiegend von Bönpos benutzt werden. Sie haben die Form einer Zimbel, nach innen gebogene Ränder und einen Klöppel. Mit diesem Klöppel werden sie bespielt, wie eine umgedrehte Glocke.
3. Wird geschrieben: Gzungs, 'der greift', 'der festhält'. Magische Formel; Sanskrit Äquivalenten: Dharani, Mantra.
4. Wird geschrieben: Phyirolpa, 'die Außenseiter' im Sinne von 'Außenseiter des Buddhismus', die Anhänger anderer Lehren. Es sind besonders die brahmanistischen Hindus gemeint.
5. Mitglieder der Dzogtchen-Sekte (wird geschrieben: Rdzogstchen) 'große Erfüllung'. Die letzte der in Tibet gegründeten Sekten.(. . .)
6. Wird geschrieben: Grubthob, 'einer mit übernatürlichen Gaben', 'einer der Wunder tut'. Das Äquivalent im Sanskrit ist ein Siddha oder Siddhi Puruga.
7. Verweis auf die tibetanischen Schöpfungsgeschichten. Demnach brachte der Wind (Rlung, sprich: Lung) der die Bewegung an sich, und nicht der Wind in unserer Bedeutung ist, die Gyatams hervor (Wird geschrieben: Rgya Kram oder Rgua Gram). Bei den Lamaisten verkörpern zwei zu einer Kreuzform verschlungenen Blitz-Zepter (Dorjis) diese Gyatams. Die Bönpos sehen sie als Swastikas, als Symbole der Bewegung. Der Mann, mit dem ich sprach, war ein weißer Bön.(. . .)
8. Gyu, wird geschrieben Rgyu: Materie, Substanz.
9. (. . .) Das heißt, daß der Ton, der das Grundprinzip vernichten kann, die Basis, die allen Zusammensetzungen zugrunde liegt, der essentielle Ton ist, der subtile Ton, aus dem alle destruktiven Töne hervorgehen.

Teil 2
Geschichte

'Denkst du nicht auch, Puh?'
'Denke ich was?' sagte Puh während er die Augen öffnete.
'Musik und Leben – '
'Sind eins', sagte Puh.

Benjamin Hoff
(Tao Te Puh)

Der Ursprung der Dinge

So alt wie die Menschheit selbst ist die Fähigkeit, sich mit Hilfe von Klängen in einen anderen Bewußtseinszustand zu versetzen. Es ist ein Phänomen, das man im täglichen Leben überall antrifft, nicht nur bei Menschen, sondern auch im Tierreich. Ohne Worte vermitteln Töne eine Skala von Botschaften und bewirken unterschiedliche Zustände von Erregung, Entspannung, Unlust oder Wohlbefinden. Tiere locken oder drohen mit Tönen, sie beruhigen oder warnen sich auf 'akustische' Weise. Für Menschen gilt dasselbe. Jede Mutter kennt die Wechselbeziehung zwischen sich und ihrem neugeborenen Kind; das Weinen des Babys versetzt sie sofort in ein Zustand der Wachsamkeit und Fürsorge; ihr leises Summen dagegen wiegt das Kind in Schlaf.

Diese Nutzung von Tönen ist keine 'Entdeckung', sondern für alle Lebewesen, die mit einem Organ ausgerüstet sind, um Töne erzeugen zu können, eine ganz natürliche Gegebenheit.

Man könnte eventuell wohl von einer Entdeckung sprechen, wenn Menschen und auch einige Tierarten außer ihrem eigenen 'Tonorgan' Gegenstände benutzen, um Töne hervorzubringen. Zunächst einmal produziert schon der eigene Körper Geräusche: Herz, Blutkreislauf und Verdauung kann man hören. Weiter kann man auch Objekte benutzen, um Töne zu erzeugen. Man kann diese Objekte fallen lassen, schütteln, darauf schlagen, darauf blasen, sie gegeneinander reiben. Und die Töne, die auf diese Weise entstehen, haben eine bestimmte Wirkung; sie verursachen eine Gänsehaut oder angenehme Gefühle, sie erzeugen Stimmungen und Bilder.

In den Schöpfungsberichten überall in der Welt trifft man auf den Klang als Quelle aller sichtbaren und unsichtbaren Dinge. Und dieser Klang ist den Dingen erhalten geblieben. So haben alle Elemente der Schöpfung ihren eigenen Ton, singen ihr eigenes Lied. Die Ausführung in Alexandra David-Neels Bericht ist ein lebendiges Beispiel dafür.

Das Bewußtsein, daß der Mensch Teil eines Ganzen ist und der Wunsch, mit diesem Ganzen in Harmonie zu sein, fand schon in den ältesten Kulturen seinen Ausdruck in Klang. Das hat sich auch im Schamanismus, der wahrscheinlich ältesten, noch existierenden Religion erhalten. Eigentlich ist der Schamanismus schon eine Verfremdung des ursprünglichen Urzustandes, wo jeder Mensch mit sich und seiner Umgebung der irdischen und überirdische in totalem Einklang stand. Ein Schamane hat noch immer diese vollkommene Verbindung zum Ganzen, die andere nicht mehr aus eigener Kraft besitzen,

und er kann diese Verbindung erneut herstellen, wenn sie (vorübergehend) gestört ist. Dabei benutzt er den Klang ganz intensiv. Er verwendet hauptsächlich seine Trommel und Stimme, zum Instrumentarium gehören aber auch Rasselstäbe und Blasinstrumente. So lautet nach Joska Soos das erste der 'sechs schamanistischen Axiome': 'das Wesentliche ist der Klang'.
Bevor die Schamanen eine besondere Rolle übernahmen, losgelöst aus der Totalität aller menschlicher Möglichkeiten, nahm jedes Mitglied der Gruppe (Klan, Stamm), im persönlichem und kollektivem Interesse, gleichwertig an den Riten teil. Später wurden Schamanen, 'Medizinmänner', Zauberer u.ä. führend bei diesen Riten. Dabei ging es darum, die eigene Existenz zu erleben, Gefühle zu äußern, als Glied einer Kette, die von den ersten mythischen Wesen über die Ahnen bis hin zur Nachkommenschaft reicht. Singend, tanzend und trommelnd stimmte der Mensch sich ab auf den Ort, wo er sich innerhalb der Gemeinschaft und der ihn umgebenden Natur befand. Er suchte eine Verbindung zu seinem Inneren und dessen Wesen sowie den sichtbaren und unsichtbaren Räumen und deren Wesen. Er versuchte Götter, Dämonen, Ahnen und Naturgeister freundlich zu stimmen. Er sammelte seine Kraft und lebte seine Erotik*.
Eigentlich sprechen wir noch stets von 'einstimmen', wenn wir eine intensive Verbindung eingehen, und von 'nicht in Stimmung sein', wenn diese Beziehung mißlingt.
Bei diesem 'Einstimmen' und dem 'Günstigstimmen' (zum Beispiel von Göttern) übernahmen Menschen mit besonderen Gaben eine spezielle Aufgabe. Zusätzlich zu ihren täglichen Pflichten bekamen sie die Funktion des Anführers, Schamanen oder des Narren. Später wurden diese besonderen Personen von den alltäglichen Pflichten freigestellt, so daß sie sich ganz ihrer eigentlichen Aufgabe widmen konnten. Ganz natürlich ergab sich daraus die Folge 'wichtig' – 'auserwählt' – 'Priester'. Und so wurden geweihte Priester – nach langem Studium und vielen Prüfungen -, die sich vom täglichem Leben isolierten, zum Vermittler. Sie waren nicht mehr Gleiche unter Gleichen, sondern Personen, denen von außen und oben herab das Alleinrecht zukam, die Gottheit auf Erden zu vertreten, wenn nicht gar zu sein.

---

* Schreckliche Sprache, die keinen unbestimmten Artikel für den Menschen kennt! Ich bitte die Frauen um Vergebung, wenn ich den männlichen Sprachgebrauch beibehalte. Ständig 'er/sie' und 'sein/ihr' zu benutzen, ist keine Lösung des Problems. E.R.J.

So wie es immer Entdeckungsreisende gab, die um die Erde zogen, um diese Welt mit eigenen Augen zu erleben, so gab es auch immer Menschen, die versuchten, ihren eigenen Erkenntnissen zu folgen, und eine eigene Verbindung von innerer und äußerer Welt zu realisieren. Viele von ihnen wurden als Ketzer verbrannt oder auf andere Weise umgebracht.
Und jetzt leben wir in einem Zeitalter, das nach Aquarius benannt ist, und das sich durch einen großen Drang zur Befreiung jeglicher Art auszeichnet. Immer weniger Menschen lassen sich die äußeren Bedingungen folgsam und ängstlich von oben herab diktieren. Immer mehr 'Befreite' suchen nach einer eigenen inneren Verbindung zu den Welten um sich hin, zum 'Kosmos', wie es im Fachausdruck heißt. Sie lösen sich aus der Einmischung von Priester: Arzt oder Priesterarzt, dem Schamanen. Deshalb wächst das Interesse an Möglichkeiten und Mitteln, die den Menschen helfen, diesen Einklang herzustellen. Deshalb gibt es ein ständig wachsendes Interesse an der Urmethode: Klang.

Klingende Steine und sprühende Schalen

Klingende Gegenstände sind in Asien schon seit vielen Jahrhunderten bekannt. So sollen die ersten chinesischen Kaiser um 2000 v.Chr. das Vorrecht auf die schönsten 'klingenden Steine' gehabt haben: Steine von einer harten Sorte, wie Jade, die einen summenden Ton hören ließen, wenn man darauf schlug. Um 1600 v. Chr. spricht man in China von einer Bronzekultur; aber aufgrund archäologischer Funde im Nordosten von Thailand läßt Bronze sich schon 2000 Jahre früher nachweisen. Solche Ausgrabungen beweisen übrigens nur, daß es in jener Periode bronzene Gegenstände gab – wie lange vorher schon Bronze hergestellt wurde, kann niemand mit Sicherheit sagen, solange keine entsprechenden Beweise gefunden werden. Aus Funden ergibt sich, daß die Chinesen im 6. Jahrhundert v. Chr. eine große Fertigkeit in der Herstellung von Metallegierungen und Metallbearbeitung besaßen und perfekt gestimmte Glocken arbeiteten. Aber wie viele solcher Glocken schon vor dieser Zeit existierten, läßt sich nicht sagen, solange keine Entdeckungen, die mehr darüber berichten, ans Tageslicht kommen. Aber es versteht sich, daß niemand aus dem Nichts, von einem Tag auf den anderen eine Glocke von hundert Pfund gießen kann und dazu noch eine Glocke mit zwei verschiedenen reinen Tönen, abhängig von der Stelle, wo man anschlägt. Dazu muß es eine Vorgeschichte geben. Über Klang- und Schallwellen wußte man im 5. Jahrhundert v. Chr. bereits sehr viel, wie uns die sogenannten 'sprühenden Schalen' aus dieser Epoche beweisen. Es sind bronzene Schalen mit spezifischen Formen und Maßen. Füllt man eine solche Schale mit der richtigen Wassermenge und reibt auf eine ganze bestimmte Art mit der Handfläche über die beiden Griffe, dann springt im Wasser eine Fontäne auf, die von einem summenden Ton beleitet wird. Freistehende Schalen ohne Klöppel werden heute zum Beispiel noch in Japan als Tempelglocken verwendet. Sie bestehen aus einer schwarzen Metallegierung und haben einen trockenen, kurzen Klang. Den singenden Klang, der bei verschiedenen Legierungen vorkommt, findet man bei den vielen verschiedenen Gong-Arten, die man in Asien kennt.

Metallgegenstände klingen, das entdeckte man überall in der Welt sehr schnell. Sicher ist jedenfalls, daß schon 1100 v. Chr. in China kleine Metallschalen in Form einer Schädeldecke existierten. Schlägt man erst die Stelle bei Stirn und Nasenbein, und dann die Stelle der Schläfe am Schalenrand an, hört man zwei verschiedene Töne, im Abstand von genau einer Terz, und das ist kein Zufall. Wenn man Obertöne singt (eine Technik, bei der man die verschiedenen Resonanzräume in Kopf und Körper nutzt, beim Singen eines Tones läßt man stets eine Reihe höherer Töne mitklingen), hat sich gezeigt, daß das Intervall einer Terz ganz selbstverständlich erklingt. Die Hersteller solcher Schädelschälchen müssen schon gewußt haben, daß die natürlich klingende Terz durch die Schädelform bedingt wird; das Abstandsverhältnis von Nasenbein und Schläfe entspricht exakt einer Terz. Vielleicht sind diese Schälchen die ersten uns bekannten Klangschalen.

Klangschalen, Opferschalen, Eßgeschirr

Über die verschiedenen Karawanenstraßen, die durch Asien führen, gelangten nicht nur Handelswaren, sondern auch Wissen und Religion in andere Gebiete. Schamanen zogen über die Mongolei südwärts, der Buddhismus kam aus Indien über den Himalaya nach Norden.

In Tibet begegneten sich Schamanismus und Buddhismus. Die ursprünglich in Tibet vorherrschende Religion war die schamanistische Bönreligion. Als im 7. Jahrhundert n.Chr. der berühmte König Strongtsen (oder Srong Btsan) Gampo zwei Prinzessinnen heiratete, eine aus Nepal und eine aus China, brachten diese beiden Frauen, gläubige Buddhistinnen, eine neue Religion mit. Nach und nach verschmolzen beide Religionen und es entwickelten sich daraus zwei neue Strömungen: der Lamaismus, der überwiegend buddhistisch geprägt ist, aber doch starke Bön-Einflüsse aufweist, und die Bön-Religion, inzwischen eine Art schamanistischer Zweig des Buddhismus. Beide Richtungen des tibetanischen Buddhismus benutzen bei ihren Riten und Meditationen den Klang in starkem Maße. (siehe Teil 1)

Fragt man aber einen Tibet-Reisenden, ob er in einem der Klöster jemals Klangschalen gehört habe, oder fragt man einen Tibetaner, ob die Klangschalen, die wir als solche bezeichnen, wirklich als singende Schalen benutzt werden, erhält man eine verneinende Antwort.

Zwar lassen sich auf Fotos von Tempelinterieurs runde Metallschalen erkennen, die 'unseren' Klangschalen verblüffend ähnlich sind, aber sie werden als Opferschalen benutzt. Es gibt auch Nepal-Reisende, die von goldfarbenen Eßnäpfen berichten.

Aber wenn es sich um Opferschalen und Eßgeschirr handelt, warum dann der Klang? Wer hat die Schalen so gefertigt? Die Ansichten über die Hersteller sind unterschiedlich, weisen aber alle auf eine schamanistische Tradition.

Einerseits nimmt man an, daß eine Kaste herumreisender Schmiede diese Schalen fertigte. Stellten diese Schmiede die Schalen aus Eigeninitiative oder auf Wunsch ihrer Kunden her? Waren die Kunden eventuell Mönche, die möglicherweise selbst wußten, in welchem Verhältnis die verschiedenen Metalle zu mischen waren, um das richtige Resultat zu erzielen? Die Legierung der verschiedenen Metallmischungen mußte nach einer bestimmten Prozedur erfolgt sein, die bis heute selbst mit modernen Mitteln nicht zu rekonstruieren ist.

Andererseits wird aber auch die Ansicht vertreten, daß Mönche selbst die Schmiede waren. Aber warum essen die Nepalesen dann aus diesen Schalen? Außerdem hat nie jemand gesehen, wie die Schalen auf althergebrachte Weise gefertigt wurden, weder bei Mönchen noch bei reisenden oder ansässigen Schmieden. Die Schalen, die man jetzt noch herstellt, sind meist gegossen – und nicht mehr in der alten Legierung.

Die Überlieferung berichtet, daß die Schalen sieben Metalle enthalten. Für jeden der seit langen Zeiten bekannten Planeten ein Metall:

Gold	- Sonne
Silber	- Mond
Quecksilber	- Merkur
Kupfer	- Venus
Eisen	- Mars
Zinn	- Jupiter
Blei	- Saturn

Jedes dieser Metalle hat einen eigenen Klang, einschließlich der Obertöne. Zusammen ergeben sie den besonderen, fortsingenden Klang einer Schale. Das Verhältnis der Metalle variiert von Fall zu Fall und nicht alle Schalen enthalten auch diese sieben Metalle. Es können mehr oder weniger sein. So sollen die echten tibetanischen Schalen mehr Zinn und Silber enthalten, wodurch sie einen matten, anthrazitähnlichen Glanz bekommen. Die Schalen aus Nepal sollen die mit dem bekannten goldenen Glanz sein. Eine Erklärung für die unterschiedliche Zusammensetzung der Legierungen wäre auch die Tatsache, daß ein Schmied die Grundstoffe nicht mit sich führte, sondern die örtlich vorhandenen Erze nutzte. Er verwendete sie in ihrer natürlichen Zusammenstellung, oft mehrere Metalle gemeinsam. Die Berge und Hochebenen des 'Dachs der Welt' sind reicher an Erzen als an Lehm. Deshalb fertigte man hier die Eßnäpfe lange Zeit aus Metall oder Holz.
Wie aus einer Legierung eine Schale entstand, läßt sich nur noch versuchsweise rekonstruieren. Wahrscheinlich hat man das flüssige Metall auf einen flachen Stein gegossen und zu einer Platte abkühlen lassen. Danach bearbeitete man diese Metallplatte solange mit Hammer und Stempel, bis eine runde Schale entstand, bei der das Metall bis zur äußersten Grenze gespannt war.

Die Inschriften, Ränder und anderen Figuren, mit denen Schalen manchmal geschmückt sind, wurden zu einem späteren Zeitpunkt mit dem Pfriem ins Metall getrieben. Zur Theorie von den rundreisenden Schmieden gehört auch die Annahme, man habe Schalen mit einem bestimmten Klang oder mit einer bestimmten Eigenschaft in Auftrag geben können. Dann soll ein Satz Schalen gefertigt worden sein, die sich alle im Klang ähnlich waren, doch kleine Unterschiede aufwiesen, aber qualitativ gleich gut waren. Aus diesem Angebot konnte der Auftraggeber dann wählen. Dies könnte eine Erklärung dafür sein, daß noch stets so viele Exemplare im Umlauf sind, obwohl die traditionelle Produktion der Schalen vor rund 40 Jahren eingestellt wurde.
Eine andere Erklärung für die Vielzahl der Schalen ist ihre Funktion als 'Opferschalen'. Solche Schalen waren in lamaistischen Klöstern stets reichlich vorhanden. Der besondere Klang beruht vermutlich darauf, daß ein Opferritual in Harmonie verlaufen sollte. Die Schalen mußten daher einen reinen Ton besitzen, der allerdings nie erklang. Daß die Schalen auch als Eßnapf dienten, widerspricht dem allen nicht. Möglicherweise sorgte die Metallegierung für einen homöopathischen Zusatz an notwendigen Mineralen, eine willkommene Ergänzung zu der oft einseitigen Nahrung. Wöchnerinnen jedenfalls scheinen einen Monat lang aus einer solchen Schale gegessen zu haben.
Wenn die Schalen aber wirklich von rundreisenden Schmiede-Schamanen gefertigt, wenn sie hinter geschlossenen Klostertüren benutzt wurden, dann gibt es einen triftigen Grund dafür, die schamanistische, singende Verwendung dieser Schalen zu verschweigen oder mit 'Keine Ahnung. . . ' oder 'Es sind Essenschälchen' zu kommentieren. Im Himalayagebiet, wo diese Schalen zu finden sind, herrscht der Buddhismus vor. In offiziellen buddhistischen Ritualen gibt es aber keine 'singenden Schalen'. Niemand wird öffentlich den Besitz von Gegenständen zugeben, die auf schamanistische Riten hinweisen. Wieviele Jahrhunderte lang haben die Menschen in 'christlichen' Ländern nicht verborgen halten müssen, daß sie vorchristliche Bräuche noch in Ehren hielten? Aber 'Eßgeschirr' hat man immer nötig, man kann es sichtbar zu Hause hinstellen, bereit zur Benutzung. Zu welcher Benutzung auch immer. . .

Daß die Schalen seit 40 Jahren nicht mehr auf die traditionelle Weise hergestellt werden, kann auch andere Gründe haben. Eßgeschirr aus Metall läßt sich beispielsweise schwierig säubern. Wo die Schalen also wirklich als Eßnäpfe verwendet wurden, hat man sie im Laufe der Zeit durch Ton- oder Porzellanschalen, die ja aus China in reichem Maße

eingeführt werden, ersetzt. Waren es doch Opferschalen, dann läßt sich ihr Verschwinden mit dem chinesischen Einfall in Tibet erklären. Heute, wo viele Klöster vernichtet sind, hat auch mit dem Aussterben der Mönche die Nachfrage nach Opferschalen stark abgenommen.
Es besteht also weniger Bedarf an neuen Metallschalen. Zur Zeit können die Schalen, die noch in Umlauf sind, die bestehende Nachfrage decken. Wie lange der Vorrat noch reicht, läßt sich nicht sagen, da stets größere Mengen vor allem in die Vereinigten Staaten exportiert werden.
Aber auch wenn die Nachfrage nach neuen Schalen steigt – je mehr westliche Händler die Schalen entdecken, desto größer wird ihr Wunsch nach Nachschub – auf die herkömmliche Weise werden die Schalen nicht mehr fabriziert. Die Kaste der nomadischen Schmiede scheint langsam zu verschwinden. Die altüberlieferte Methode stirbt mit ihnen aus.

Teil 3

Wirkung

Jedes Atom singt fortwährend ein Lied
und dieser Ton ist es, der
in jedem Augenblick kompakte oder feine Formen
von größerer oder kleinerer materieller Dichte hervorbringt.

Lama Govinda

Äußere Merkmale

Vergleicht man eine Reihe von Klangschalen, dann fällt auf, daß es so viele Unterschiede in Modell und Klang gibt.
Die meisten Schalen sind mehr oder weniger goldfarbig. Der Umfang ist rund. Das Verhältnis von Umfang und Tiefe variiert. Es gibt ziemlich flache, breite Schalen, kleine und mittelgroße. Daneben existieren Schalen mit einer runden und tiefen Schüsselform; Schalen mit kleinem oder breiterem Boden und sogar Schalen mit einem ganz flachen Boden und einem schmalen, aufrechten Rand. Man findet auch Schalen, die auf einem Fuß stehen, eventuell in Kelchform. Sie sind im allgemeinen recht klein und kommen selten vor. Schalen mit einem sogenannten Flaschenboden, rund und gewölbt, sind meist von indischer Herkunft. Sie sind relativ dünn und klingen anders als die sogenannten Himalayaschalen.
Stärke und Farbe des Materials variieren auch von Fall zu Fall. Goldglänzende Schalen aus ziemlich dünnem Material, in runder Schalenform und relativ klein, stammen im allgemeinen aus Japan. Oft klingen sie hell wie ein Glöckchen.
Schalenform, Materialstärke und Stärke des Randes bestimmen den Klang einer Schale. Die Farbe selbst ist nicht von Einfluß. Schlägt man eine matte Schale an, so klingt sie anders, als wenn man sie später poliert hat. Beim Polieren wird eine minimale Schicht des Materials weggeschliffen und die Stärke der Wand ändert sich.
Viele Schalen sind mit allerlei Formen verziert: Kreise, Punkte, Stern- oder Blattmotive. Manchmal entdeckt man an der Außenseite eine nepalesische Inschrift; in Devangiri-Buchstaben ist der Name der Besitzers eingraviert. Tibetanische Schriftzüge bezeichnen auch meist den Namen des Besitzers oder aber den Anlaß, bei dem diese Schale benutzt wurde.
Devangiri-Inschriften lassen darauf schließen, daß die 'singenden Schalen' ursprünglich aus Nepal kommen. Demnach wurden sie nur tibetanisch genannt, weil tibetanische Verbannte in Nepal als Händler ihr Brot verdienten. Sie verkauften dort nicht nur ihr eigenes Hab und Gut, sondern auch Produkte ihres Gastlandes. Es ist in der Tat anzunehmen, daß Schalen mit solchen Inschriften höchstwahrscheinlich aus Nepal stammen. Findet man auf einer Schale Ornamente, von welcher Art auch immer, handelt es sich möglicherweise um eine Kalenderschale (zum Beispiel Monats- oder Jupiterkalender). Wie man eine solche Kalenderschale richtig nutzte, ist nicht mehr ganz deutlich.

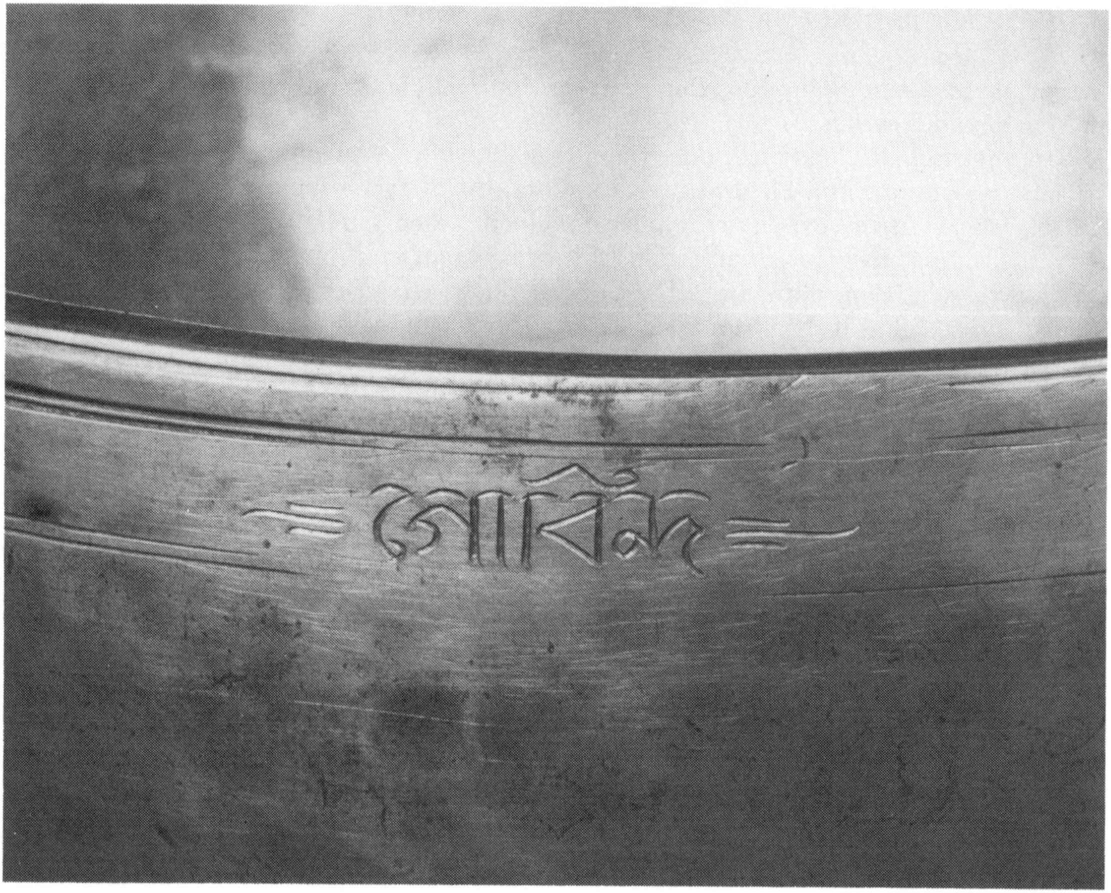

Vermutlich aber ließ sich am Klang der Schale und an der Bewegung einiger Wassertropfen darin erkennen, welche himmlischen Energien den betreffenden Tag bestimmten. Außerdem ließ sich der 'astrologische Tag' einer solchen Schale ablesen, der Tag an dem diese Schale am schönsten klingt.
Nicht nur in Asien waren Sinnesorgane und Wissen darauf eingestellt, die Einflüsse der Himmelskörper mit Hilfe verschiedener Methoden zu berechnen und zu nutzen. Die ägyptische Kultur, ein Rätsel, das noch immer nicht gelöst ist, liegt uns näher. Auch die keltischen Druiden verfügten über entsprechendes Wissen und entsprechend ausgeprägte Sinne. Vielleicht sind Klangschalen ein Medium, die verlorenen Sinnesorgane wieder wachzurufen.
Wie dem auch sei, für jeden, der jetzt eine Klangschale besitzt, ist es sehr schwer oder besser gesagt unmöglich herauszufinden, ob die entsprechende Schale wirklich eine Kalenderschale ist (abgesehen von Vermutungen aufgrund der Ornamente), zu welchem Himmelskörper die Schale gehört und wie sie als Kalender zu benutzen ist.
Manche Schalen, vor allem die mit Kreisen, Stern- oder Blattmotiven wirken wie die chinesischen 'sprühenden Schalen': füllt man sie mit Wasser, eventuell bis zum eingravierten Kreis, versetzt man sie dann durch Reiben oder Schlagen in Schwingung, so springen eine oder mehrere Fontänen auf. Erscheint auf der Wasseroberfläche ein Stern, aus dessen Mitte dann ein Strahl aufsteigt, spricht man von einer Sternenschale (starbowl).

Klang ist Form

Diese 'wunderlichen' Erscheinungen lassen sich jedoch einfach erklären. Klänge bestehen aus Schwingungen, die sich räumlich ausdehnen. Hans Jenny hat phantastische Fotos von Klangformen in Wasser gemacht. Und Chladni streute feine Sandkörner (oder Eisenspäne) auf eine Glas- bzw. feine Metallplatte. Dann versetzte er die Platte in Schwingung, in dem er sie mit einem Geigenstock anstrich. Sogleich ordnete sich der Sand in prächtige, geometrische Figuren, die an Mandalas erinnern. Strich man die Platte an einem anderen Punkt an, entstanden jedesmal neue Muster.

Wenn man eine Oberfläche in Schwingung versetzt (eine dünne Platte oder die Wasseroberfläche), pflanzt sich die Schwingung in alle Richtungen fort. Die Wellen sind identisch, da sie durch dieselbe Ursache hervorgerufen wurden. Treffen zwei dieser gleichen Wellen aus entgegengesetzter Richtung aufeinander, so heben sie sich durch ihre Identität auf. Solche Ruhepunkte nennt man 'Knoten'. Sand auf einer vibrierenden Platte wird durch Schwingungen bewegt und sammelt sich an den schwingungsfreien Stellen, den Knoten. So ergibt sich auf der Platte ein zweidimensionales Linienmuster. In Wirklichkeit aber ist die 'Form der Töne' dreidimensional. Die Schwingungen verbreiten sich in alle Richtungen, nicht nur auf der Oberfläche, die in Bewegung gesetzt wurde! Sichtbar wird die Dreidimensionalität im Wasser; es ist ein Medium, das leicht vibriert, und wo diese Schwingungen sich weit ausdehnen können. Läßt man eine mit Wasser gefüllte Schale durch Reibung des Randes schwingen, gehen die Schwingungen vom Rand aus in alle Richtungen, und erzeugen im Wasser ein feines Wellenmuster. Intensiviert man die Wellenbewegung, indem man stärker reibt oder auf eine spezielle Manier anschlägt, dann treffen die Wellen aufeinander und heben sich im wahrsten Sinne des Wortes auf: die Wasserteilchen springen bis zu einigen Zentimetern über die Wasseroberfläche auf und bilden Fontänen aus kleinen, sprühenden Tropfen.

Natürliche Harmonien

Auf welche Weise man die Klangschalen im Himalayagebiet auch nutzte, eins steht fest: der Europäer, der zum erstenmal mit ihrem Klang in Berührung kommt, fühlt sich auf eine ganz besondere Weise angesprochen. Läßt sich das Verlangen nach derartigen Tönen nicht innerhalb unserer abendländischen Tonkultur befriedigen? Oder anders formuliert: was unterscheidet die Klänge, die diese Schalen hervorbringen, von denen, die wir aus unserer eigenen Musiktradition kennen?

'Musik' ist kein zufälliges Phänomen; eigentlich ist es so, daß sich alle Phänomene auf Musik zurückführen lassen. Das gesamte Universum mit all seinen Formen, offenbart Elemente, die sich musikalisch-harmonisch zueinander verhalten; das heißt, von allen theoretischen Verbindungsmöglichkeiten und von allen theoretisch möglichen Proportionen wählen die kleinsten Elemente und auch die größten wahrnehmbaren Strukturen solche Verhältnisse, die den Intervallen in der Musik entsprechen. Und auch diese Tonabstände sind nicht zufällig: aus allen theoretisch möglichen Tönen verwirklichen sich offensichtlich immer nur die, die in einem bestimmten Verhältnis zueinander stehen. Versetzt man zum Beispiel nur eine Saite eines Klangkörpers in Schwingung und gleitet dann gleichmäßig mit dem Finger so über die Saite, daß das freischwingende Stück kleiner wird, müßte man eigentlich auch einen Ton hören, der gleichmäßig höher wird. In Wirklichkeit aber schwingen die hörbaren Töne in festen, sich wiederholenden Intervallen. Ähnliches geschieht auch in der Natur und im gesamten Universum. Sowie sich die Töne nach bestimmten musikalischen Prinzipien ordnen, sind auch Natur und Universum nach musikalischen Grundsätzen aufgebaut. Wenn man eine Saite anstreicht, hört man außer dem Grundton eine ganze Reihe mitschwingender höherer Töne; erst in großen und dann in stets kleiner werdenden Abständen alle Ganz- und Halbtöne. Diesen sogenannten Obertönen wird in der abendländischen Musik weniger Beachtung beigemessen als es in Asien üblich ist. Glocken, Gongs, Zimbeln und auch Klangschalen lassen einen viel größeren Reichtum an Obertönen hören, als wir es von unseren europäischen Instrumenten gewohnt sind.
Obertonreihen enthalten natürlich Intervalle, die überall in der Natur vorkommen, und klingen für unsere Ohren nicht immer 'harmonisch'!
'Musik' die auf dem Zusammenklang verschiedener Grundtöne (Akkorde) beruht, wird in

Europa in Oktaven eingeteilt. Der Ton C zum Beispiel kehrt in einem Tonraum von acht Stufen stets zurück (von C bis c sind acht Stufen: Oktave). Bei zwei gleichnamigen Tönen einer Oktave hat der höhere immer die doppelte Frequenz (Schwingungszahl) wie der Grundton. Das gilt für alle Töne (C,D, E, F, G, A und B, sowie deren halbe Zwischentöne).
Der Zusammenklang, der dem menschlichen Ohr am angenehmsten erscheint, ist die Quinte (der Tonabstand von fünf Stufen), wobei die sogenannte 'reine' Quinte (drei Ganztöne, ein Halbton) und die sogenannte 'verminderte' Quinte (zwei Ganztöne, zwei Halbtöne) unterschieden werden. Geht man vom Grundton C aus, und schreitet stets eine reine Quinte fort, gelangt man nach zwölf Quinten wieder zum Grundton C. Dieser Zyklus von zwölf Quinten wird auch 'Quintenzirkel' genannt. Bei einem solchen Rundgang taucht das C achtmal auf, wenn man Beginn und Ende mitrechnet. Demnach umfaßt der Quintenzirkel sieben Oktaven. Berechnet man das Ganze in Frequenzwerten, dann ergeben sieben Oktaven zusammen einen Wert von 128; zwölf nachfolgende Quinten aber einen Wert von 129,5. (Der Frequenzunterschied zwischen dem höchsten und tiefsten Ton einer Quinte ist 1,5.) Wo bleibt dann die Reinheit der Akkorde?
Im 16. Jahrhundert löste ein chinesischer Prinz dies Problem folgendermaßen: beim Stimmen der Instrumente wurden die Tonabstände künstlich ein wenig verringert. Ein Jahrhundert später schrieb Johan Sebastian Bach sein 'Wohltemperiertes Klavier', das erste umfangreiche Werk in Europa, das auf diesem Prinzip der sogenannten 'temperierten Stimmung' beruht. Seitdem hören wir nichts anderes mehr als Musik, deren Tonabstände minimal von ihren natürlichen Wellenlängen abweichen. Rationales Denken hat den Klang in Bande gelegt.
Gongs und Klangschalen durchbrechen die künstlichen Grenzen und lassen die natürlichen Intervalle in den Obertönen voll hören. Sie klingen anders. Sie berühren uns anders. Manchmal erfahren europäische Ohren den Klang als disharmonisch, obwohl man besser von multiharmonisch sprechen könnte. Der Klang läßt mehr Nuancen hören als das innerhalb der berechneten Reihen 'gleichschwebender' Oktaven möglich ist.

Angleichung und innere Massage

Klang formt. Klang ordnet.
Und es gibt noch einen weiteren Aspekt, der gleichermaßen wichtig ist, um zu begreifen, welche Wirkung Klangschalen haben und warum sie auch immer häufiger therapeutisch eingesetzt werden. Es betrifft die Tatsache, daß Gegenstände, die eine ähnliche Bewegung ausführen, dazu tendieren, völlig synchron zu gehen. Christiaan Huijgens, ein niederländischer Gelehrter aus dem 17. Jahrhundert, stellte bereits fest, daß zwei Pendeluhren, die man nebeneinander stellt, im Laufe der Zeit im selben Rhythmus schwingen. So werden auch zwei Wellenbewegungen, die sich zwar ähneln, aber doch nicht identisch sind, stets gleichere Wellenbewegungen annehmen, bis sie sich schließlich völlig gleichen. Man spricht hier von einem 'Zusammenschluß von Phasen' oder 'Angleichung'. Frauen kennen dieses Phänomen von ihrem Menstruationszyklus. Freundinnen oder Schwestern, die im gleichen Haus wohnen, menstruieren oft zum selben Zeitpunkt.

Viele Menschen machen beim unmittelbaren Hören von Klangschalen (für das Abspielen von Aufzeichnungen gilt das weniger) die Erfahrung, daß sie seltsam berührt werden. Manchmal entsteht ein Gefühl von Weite und Frieden. Diese Erfahrungen beruhen nicht auf 'Einbildung' oder 'Glauben', wie manche, die keine persönliche Erfahrung damit haben, wohl zu bedenken geben.
Auch das körperliche Wohlbefinden nach einem Klangschalenbad rührt nicht nur daher, daß man sich so gut hat entspannen können. Wir haben schon festgestellt, daß Wasser ein ausgezeichneter Leiter für Schwingungen ist. Schlägt man eine Klangschale an, so kann man fühlen, daß die Luft um die Schale heftig vibriert. Auch wer noch nie etwas von Klangschalen oder Frequenzen gehört hat und die Hand zum erstenmal dicht an eine klingende Schale hält, kann das bemerken.
Diese kräftigen Schwingungen breiten sich schnell und leicht in unserem Körper aus, der ja zu mehr als 80 Prozent aus Wasser besteht. Die Folge ist eine feine, innerliche Massage aller Zellen. Diese Tiefenwirkung nutzt man auch in der Physiotherapie, hauptsächlich mit Ultraschallwellen.
Und jetzt zum 'Zusammenschluß von Phasen'. Der menschliche Körper ist ein lebendiges Ganzes von Schwingungen, von Wellenbewegungen. Ein gesundes Organ ist 'gut abge-

stimmt', das heißt, es vibriert rein, in seiner eigenen Frequenz. Bei einem kranken Organ ist diese Frequenz gestört.
Eine Klangschale (ähnlich wie ein Gong oder eine Zimbel) ruft Erinnerungen an ursprüngliche, harmonische Frequenzen wach und stimuliert den Körper, erst in der Schalenfrequenz mitzuschwingen und dann, einmal wieder 'angeglichen', auch selbständig die eigenen harmonischen Frequenzen zurückzufinden. Angetrieben und mitgerissen von den kräftigen Schwingungen der Klangschale gewinnt der Körper die Möglichkeit, sich wieder auf seine eigene, ungestörte Frequenz einzustimmen.

Schamanismus und Gehirnströme

Die schamanistische Tradition sieht im Klang die Möglichkeit, sich Zugang zu anderen Welten und Wirklichkeiten zu verschaffen. Lange Zeit sah man den Zugang zu diesen anderen Realitäten als eine geheimnisvolle Pforte, die sich nur nach langjährigen Studien, Meditationen oder nach einer speziellen Einweihung öffnen konnte. Bis weit in unser Jahrhundert galten alle Lehren und Berichte über 'Trancezustände' von Yogis und Schamanen normalerweise als unerklärliche 'Geheimnisse' oder 'Wunder'. Oder man stempelte sie als schlaue Geschicklichkeitstricks, Suggestion oder als Aberglaube bzw. Gutgläubigkeit der Zuschauer ab.
Im letzten Jahrhundert hat sich diesbezüglich einiges verändert. Die Suche nach dem 'Geheimnis in sich selbst', nach dem 'inneren Pfad' ließ stets mehr Menschen vom kirchlichen Weg abweichen. Die Wegweiser, die Christus je aufgestellt hatte, sind durch die eisigen Wirbelstürme von Dogma und Erläuterungen unleserlich geworden. Der Weg des materialistischen Denkens scheint im wahrsten Sinne des Wortes im Sande zu verlaufen, beim chemischen Tod der Umwelt zu enden.
Und so wurde das christliche Gebet gegen die fernöstlichen Meditationstechniken getauscht, der Rosenkranz durch Mantras ersetzt. Manchmal reicht ein neuer Ansatzpunkt, um sich wieder an uralte Prinzipien zu erinnern und sie zu erkennen. Joska Soos faßt das zweite und dritte schamanistische Axiom folgendermaßen zusammen: 'Das Geheimnis alles Wissens und das Wissen um alle Geheimnisse liegt in uns'.
In praktisch allen Religionen nutzt man das Phänomen, daß Klang den Geist in Sphären

hebt, wo eine größere Empfänglichkeit für das im Grunde Unsagbare besteht, das man so unterschiedlich benannt hat: innere Einsicht, Licht, Gott, das Selbst. . .

Der Sufi-Lehrer Hazrat Inayat Khan, der ein berühmter Musiker war, bis er sich seinem Auftrag als geistiger Führer weihte, sagt u.a. über Musik: 'Sie schenkt dem Menschen nicht nur Kraft, sondern versetzt ihn auch in Erstase'. Seiner Meinung nach stellten Mystiker aller Zeiten die Musik über alles. Und Sufis betrachten 'Musik immer als Inspirationsquelle ihrer Meditationen; diese Form der Meditation wirft mehr Früchte ab als Meditieren ohne Musik.'

Aus Messungen der elektromagnetischen Gehirnströme ergibt sich, daß eine Reihe von deutlich erkennbaren Wellenlängen existiert, die jeweils mit einem anderen Bewußtseinszustand gepaart gehen.

Wir unterscheiden:

Betawellen, die das Gehirn bei normalem, wachem Zustand produziert; *Alphawellen*, die im Zustand der Meditation und der ruhigen Wahrnehmung im Gehirn vibrieren; *Thetawellen*, die im Grenzzustand des Einschlafens entstehen und *Deltawellen*, die nur im Tiefschlaf erzeugt werden.

Mit Meßgeräten lassen sich natürlich auch die Wellen registrieren, die von einer Klangschale ausgehen. Dabei zeigt sich, daß die Wellenbewegung einiger Klangschalen den Alphawellen entspricht. Solche Klangschalen vermitteln die Erfahrung von tiefer Entspannung und 'Räumen, die sich nach innen öffnen'.

Informationen im Gehirn werden durch sogenannten 'Neuronen' übertragen, Nervenzellen mit langen sich verzweigenden Ausläufern, die sich miteinander verbinden können, um Nervenimpulse zu übertragen. Das geschieht durch elektronische Wellen in schnellen, vielfältigen Kommunikationsvibrationen. Jedes der zehn Milliarden Neuronen besitzt die Möglichkeit zu hundert Millionen unterschiedlichen Verbindungen. Das menschliche Gehirn besitzt eine schier unbegrenzte Kapazität. Vielleicht stimulieren die freischwebenden Schwingungen der Klangschalen die Neuronen zu weiteren Verbindungsmöglichkeiten. Dann kann man tatsächlich von einer bewußtseinsverändernden Wirkung sprechen.

Teil 4

Praxis

Sogar wer sein Leben auf Kenntnis gründet,
handelt im Einklang mit seinem eigenen Wesen,
denn jeder verhält sich seinem Wesen entsprechend.
Was könnte man also mit Unterdrückung erreichen?

Baghavad-gita III.33

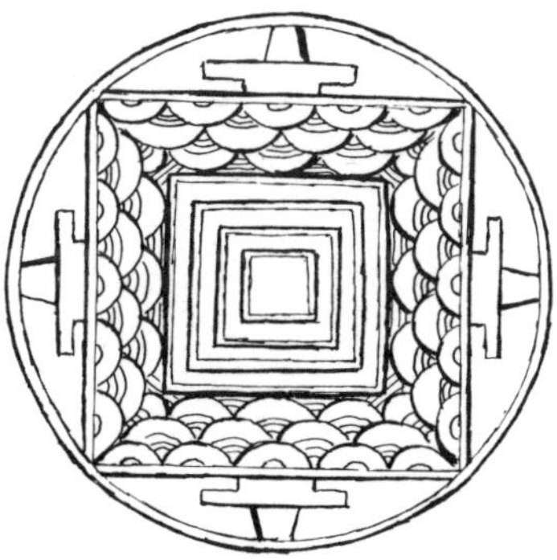

Der eigene Klang ist immer einzigartig

Wenn man die bisherigen Abschnitte dieses Büchleins gelesen hat, könnte man annehmen, es sei sehr viel an Vorkenntnissen nötig, um eine 'gute' Schale für sich selbst zu finden. Vielleicht ist man auch geneigt, nach einer Schale mit besonderen Inschriften zu suchen – die wäre sicher eine 'gutklingende' Schale.

In der Praxis versucht man auch wohl, die Wahl einem Anderen zu überlassen und bittet denjenigen, der die Schalen verkauft: 'Suchen Sie doch etwas für mich aus, am besten einen Satz zueinander passender Schalen'.

Das ist natürlich eine Möglichkeit, aber sie trifft nicht den Kern der Sache; denn wer mit einer Klangschale arbeiten will, begibt sich, ob er will oder nicht, auf den Weg nach innen, den Weg zum Erleben oder Harmonisieren der eigenen Persönlichkeit, wie immer man es bezeichnen will.

Aber eigentlich liegt es doch auf der Hand, daß man selbst eine Schale aussucht. Jeder Mensch hat schließlich seine persönliche Frequenz, seine spezifische Schwingungszahl und die 'eigene' Schale kann man auch nur finden, wenn man sie selbst hört – nicht mit dem Kopf, sondern mit dem Herzen – und wenn man sie fühlt. Selbst Menschen, die schwer hörgeschädigt sind, können an einer Klangschale ihre Freude haben. Die Vibration ist leicht tastbar; die Schwingung dringt direkt ins Innere. Das Gefühl ist in keinem Fall geringer, auch wenn man den Klang nicht hören kann. Bei Opferschalen ist das ganz offensichtlich. Sie werden nie zum Klingen gebracht, aber ihre Schwingungsmuster müssen doch harmonisch sein, damit die Gottheit das Opfer in Harmonie empfängt.

Folglich ist es auch nicht notwendig, krampfhaft nach einer Schale zu suchen, die nachweisbar als Klangschale gedacht ist. Auch wenn einige Schalen einen hinreißend schönen Klang besitzen, in erster Linie geht es nicht um die hörbare 'Schönheit' des Klangs. Es gibt Schalen, die sicher für europäische Ohren disharmonisch klingen, die aber eine gewaltige, befreiende Wirkung haben. Klangtherapeuten suchen speziell nach solchen Schalen!

Wer eine eigene Klangschale haben möchte, der sollte in erster Linie nach einer Schale suchen, die 'berührt'. Eine Schale, bei der man plötzlich tief Luft holt, ein warmes Gefühl strömen fühlt und die Empfindung hat, im Klang mitgerissen zu werden.

Fühlen Sie es selbst. Richten Sie sich nicht danach, was ein anderer von der Schale hält. Jeder Mensch ist ein einzigartiger Klangkörper, der die Schwingungen der Schale auf ganz spezifische Weise resonieren läßt. Darum klingt dieselbe Schale bei verschiedenen

Personen auch ganz anders. Weil jeder Mensch auch im jedem Augenblick wieder ein anderer ist, körperlich und seelisch, klingt auch die Schale bei ein und derselben Person nicht immer gleich. Bei einigen Menschen klingen die hohen Töne länger mit, bei anderen verschwinden gerade die hohen Töne ziemlich schnell und die tieferen bleiben länger hörbar.
Fazit: Man sollte sich beim Hören und Schauen nicht nach den gängigen Begriffen von 'schön' und 'häßlich' richten. Der spezifische Klang ist immer einzigartig, ob er nun aus einem kleinen, unansehnlichen Schälchen kommt, oder aus einem glänzenden, imposanten Behälter von der Größe eines Fußbeckens.
In letzten Fall allerdings kostet der 'eigene Klang' etwas mehr, denn Klangschalen werden meist nach Gewicht verkauft. Konkrete Preise anzugeben ist hier nicht sinnvoll, da diese von Händler zu Händler variieren, und sich auch im Laufe der Zeit verändern. Fest steht nur, daß die größeren Schalen teurer sind als die kleineren.

Eine Möglichkeit der Wahl

Will man sich eventuell eine Klangschale anschaffen, gibt es verschiedene Möglichkeiten, eine konkrete Entscheidung zu treffen. Mancher kann schon, nachdem er einmal den Ton einer bestimmten Schale gehört hat, sofort sagen, ob diese Schale ihn anspricht oder nicht. Er kann relativ schnell eine intuitive Entscheidung treffen. Wer weniger sicher ist, aber doch der eigenen Intuition folgen möchte, kann bei der Wahl seiner Schale folgende Methode anwenden:
Legen Sie auf einen Tisch o.ä. ein Handtuch, eine Decke oder eine leichtfedernde Unterlage. Stellen Sie die Schale darauf. Legen Sie zwei Finger auf die Mitte des Bodens, um die Schale festzuhalten. Schlagen Sie dann mit einem nicht allzu großen Schlegel oder dem Handballen gegen oder etwas unter den Rand. Schlagen Sie zwei- oder dreimal hintereinander, nicht zu fest, lassen Sie den Ton aussingen und lauschen Sie nach Klangfarbe und – vermögen der Schale.
Lädt die Schale zum näheren Kennenlernen ein, setzen Sie sie dann auf Ihre Handfläche. Jetzt strecken Sie den Arm so weit, bis sich die Schale noch leicht ungefähr mitten vor dem Körper halten läßt. Schlagen Sie aufs Neue und lassen Sie den Ton verklingen. Schlagen Sie noch einmal und führen Sie die Schale dichter an den Körper heran. Bringen Sie sie erst

an den Bauch, etwas unterhalb des Nabels und schlagen Sie wieder. Lauschen Sie nicht in erster Linie mit den Ohren nach dem Ton, sondern konzentrieren Sie sich auf Ihren eigenen Körper. Welches Gefühl kommt in Ihnen auf? Wie reagiert Ihr Körper auf die Tonschwingungen?
Nehmen Sie sich Zeit. Spüren Sie eine 'Reaktion der Abneigung', wie klein auch immer, dann ist diese Schale im Moment nicht passend für Sie. Das ist kein Urteil über die Qualität dieser Schale oder den Zustand in dem Sie sich augenblicklich befinden – es bedeutet lediglich, daß Sie mit dieser Schale und zu diesem Zeitpunkt weniger gut harmonieren.
Schlagen Sie die Schale nochmals an, wenn keine negative Reaktion erfolgt, und führen Sie sie langsam höher in Richtung des Herzens. Halten Sie dort inne, schlagen Sie erneut und lassen Sie den Ton verhallen. Beobachten Sie auch jetzt, wie Ihr Körper reagiert.
Wenn Sie noch immer keine negative Wirkung spüren, wiederholen Sie das Ganze. Führen Sie die Schale dabei unter das etwas vorgeschobene Kinn und halten Sie sie zum Schluß in Höhe der Nasenwurzel.
Wer sich die Mühe nimmt, auf diese Weise Bekanntschaft mit einer Klangschale zu machen, hat eine gute Chance, die Schale zu finden, die in Harmonie mit dem eigenen Wesen und Körper ist. Erleben Sie bei dieser Methode, daß ihr Körper mit starkem Widerwillen, eventuell sogar mit Übelkeit reagiert, so ist es besser, Sie geben den Plan, selbst mit Klangschalen zu arbeiten, vorläufig auf. Auch das läßt sich nicht mit 'gut' oder 'schlecht' oder anderen dualistischen Kriterien bewerten. Es deutet nur darauf, daß die Menschen und die Wege, die sie gehen, recht verschieden sind.

Wollen Sie sich irgendwann eine zweite, dritte oder weitere Klangschale anschaffen, nehmen Sie dann die Schale oder Schalen, die Sie bereits besitzen mit, sofern es nicht allzuviele sind; aber mittlerweile wissen Sie ja auch schon ganz genau, wie Sie die folgende Schale aussuchen müssen. Es ist nicht eigens nötig, eine Reihe von Schalen in stark unterschiedlichen Formaten zu besitzen, und ein 'Schalenorchester' mit wohlklingenden Melodien, wie wir sie kennen, läßt sich ohnehin nicht zusammenstellen. Durch den freischwebenden Klang lassen singende Schalen andere Harmonien ertönen als wir gewohnt sind. Wenn Sie zwei oder drei Schalen hintereinander anschlagen, können Sie neue Harmonien und Zusammenklänge entdecken; Sie erfahren vornehmlich körperlich, ob Ihnen diese Töne gefallen oder nicht.

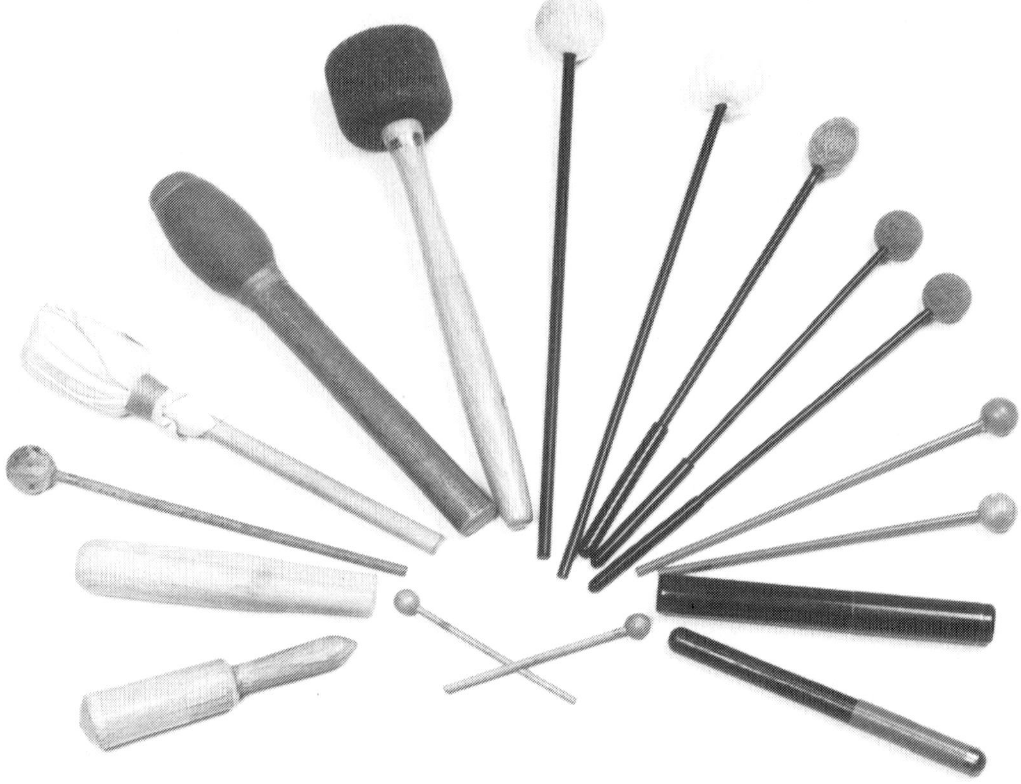

Zubehör

Es gibt verschiedene Methoden, um Klangschalen ihren singenden Ton zu entlocken. Zunächst einmal kann man mit einem Schlegel von passender Größe arbeiten. Richtlinien für die Größe lassen sich schwer geben.
Beim Wort 'Schlegel' denkt man an Schlagwerkstöcke und dann vor allem an die mit Filz oder Fell bezogenen Exemplare. Es ist eine Frage des Ausprobierens; was das betrifft, hat jede Schale ihre eigene Gebrauchsanweisung. Die eine klingt besser mit einem etwas weicheren, die andere mit einem etwas härteren Schlegel.
Generell läßt sich sagen, daß es bei größeren Schalen auch die größeren Schlegel sind, die die ganze Klangfülle zur Entfaltung bringen und daß man bei kleineren Schalen gut daran tut, kleinere Klöppel zu benutzen.
Aber im Prinzip lassen sich bei einer Schale verschiedene Klöppel verwenden. Aus der Skala von Grundton und Obertönen holt jeder Schlegel wieder einen anderen Ton hervor. Außer den gebräuchlichen Klöppeln aus Filz, Fell, Kork, Tau oder Holz kann man auch die eigenen Hände gut als Schlagwerkzeuge einsetzen, den Handballen, die Finger, die Nägel. . . Wer Lust am Experimentieren hat, kann praktisch alles, was eine einigermaßen handliche Form besitzt, zum Schlagen verwenden. Man kann statt mit einem Schlegel auch mit zwei der gleichen Größe arbeiten. Wer seiner Phantasie und der Lust am Spiel freien Lauf läßt, wird allerlei überraschende Entdeckungen machen können.

Führt man einen Stock in drehenden Bewegungen am Schalenrand entlang, entdeckt man eine weitere Möglichkeit, die Schalen zum Singen zu bringen. Der Effekt ist vergleichbar mit dem eines nassen Fingers, mit dem man über den Rand eines Kristallglases streift. Ein rundsingender Ton wird stets lauter hörbar. Daher auch die Bezeichnung 'singende Schalen'. Auch die Schamanen im Himalaya-Gebiet sollen die Schalen auf diese Weise genutzt und ihnen so den Klang entlockt haben. Zum Reiben wählt man einen runden Stock oder Klöppel aus einer harten Holzsorte. Bei kleinen Schälchen mit einem hohen Ton kann man am besten mit einem ziemlich dünnen Stock arbeiten. Bei größeren Schalen ist ein dünner Stock unpraktisch. Die Schwingungen des Randes sind sehr stark und der Stock beginnt zu tanzen. Dabei entsteht ein störendes, schneidendes und klapperndes Geräusch.

Diese unerwünschten Töne kann man verhindern, wenn man probiert, den Stock beim Drehen gleichmäßig und vor allem fest gegen den Rand zu drücken. Oder aber man benutzt einen dickeren Stock. Der Stößel eines großen Holzmörsers zum Beispiel kann sehr geeignet sein. Man kann auch eine andere Technik des Reibens anwenden, indem man den Stock nicht den ganzen Rand entlang führt, sondern nur an einer Stelle hin und her bewegt. Dies ist oft die einfachste Methode, aus einer relativ großen Schale einen singenden Ton zu zaubern.
Bei all diesen Techniken bestimmen Druck und Schnelligkeit des Reibens die Tonhöhe und den Tonklang. Das durchdringende Singen, das man durch Reiben erzeugt, beruht auf der Tatsache, daß auf diese Weise stets einer der Obertöne gesondert hervortritt und sich voll entfalten kann. Damit man nicht hört, wie der Stock über das Metall schleift, kleben viele Klangschalenbesitzer den Teil ihres Stockes, der mit der Schale in Berührung kommt, mit breitem, dickem Klebeband ab. Das Band muß fest und glatt sein, da man sonst das Schleifen noch immer hören kann und das Band schnell verschleißt. Ein Streifen Plastik, mit dem man zum Beispiel Bücher einbindet, tut gute Dienste. Aus dieser Aufzählung ergibt sich, daß die Möglichkeiten des Zubehörs unbegrenzt sind. Viele Menschen stellen selbst ihre Klöppel her. Ich habe Klöppel gesehen, bei denen Flanell um eine feste Taufüllung geschlungen war; Klöppel, die hergestellt wurden, indem man Filz in Stärke kochte und dann fest um einen Holzstab wickelte, Reibestöcke, die mit einem Fahrradschlauch bezogen waren oder die hölzernen Griffe einer Stielpfanne. Ich selbst verwende manchmal die Gabel meines Salatbestecks aus Teakholz. Wenn man sie verhalten anschlägt, erklingt ein prächtiger, heller Ton aus meinen Klangschalen.

Wegweiser im Wunderland

Wer einmal eine Klangschale sein eigen nennt, dem öffnet sich eine Tür zu einem bunten Wunderland. Es gibt soviel zu entdecken, zu experimentieren, zu hören und zu erfahren in der Schale und im eigenen Innern.
Der Weg nach innen liegt offen.
Persönlich habe ich es als sehr positiv empfunden, daß ich länger als ein Jahr nur eine einzige Klangschale besaß. Sie reichte vollkommen aus. Stets aufs Neue entdeckte ich mehr, stets aufs Neue mußte ich die Entdeckungen verarbeiten. Und noch immer kenne ich nicht alle Möglichkeiten dieser Schale.

Trotz alledem ist es sinnvoll, in diesem Wunderland einige Wegweiser aufzustellen, Pfade zu zeigen, denen man folgen kann: auch wenn das Erleben jedes Pfades eine ganz individuelle Angelegenheit ist, so gibt es doch eine Reihe praktischer Möglichkeiten, eine Klangschale zu betrachten und schrittweise zu untersuchen.

Hören

Das Hören einer Schale beginnt ganz einfach mit entspanntem Sitzen. Halten Sie die Schale auf der Handfläche oder stellen Sie sie auf ein hartes Kissen, einen Gummiring (z.B. von einem Einmachglas), oder eine weiche Decke vor sich. Lassen Sie den Ton klingen. Lauschen Sie mit geschlossenen Augen. Erfahren Sie den Klang als Gesamtheit. Haben Sie sich ein wenig an den Klang der Schale gewöhnt, können Sie versuchen, nuancierter zuzuhören. Die verschiedenen Tonhöhen lassen sich unterscheiden und die Eigenart jedes Tones läßt sich besser erkennen und begreifen, wenn man nochmal bedenkt, daß Klang eine Form und eine Frequenz besitzt. Lauschend können Sie versuchen, die Pulsionen der verschiedenen Töne voneinander zu unterscheiden. Ist der Unterton langsamer oder schneller als die dominierenden Obertöne? Wie groß ist der Geschwindigkeitsunterschied zwischen diesen beiden Schallwellen? Passen sie gut zusammen, weil zum Beispiel die eine zwei- oder dreimal so schnell wie die andere ist oder besteht ein Unterschied, der schwer zu bestimmen ist; in einer bestimmten Zeitspanne macht der eine Ton zum Beispiel drei Wellenbewegungen, der andere fünf.
Greift man eine bestimmte Klangspur auf und folgt ihr womöglich mit Hand- oder Kör-

perbewegungen, so unterscheidet man bei einer Schale nicht nur verschiedene Töne sondern auch verschiedene Wellenbewegungen.
Aber Klänge besitzen nicht nur die Form einer einspurigen Wellenlinie, sie sind dreidimensional. Sie können z.B. nach außen bewegen, wie Kreise um einen Stein, den man ins Wasser wirft, oder sie können in einer Spiralform nach innen führen wie bei einem Wasserstrudel. Wenn man nicht nur mit den Ohren, sondern mit dem gesamten Körper lauscht, kann man diese verschiedenen Klangformen entdecken.
Sie können die Schalen in unterschiedlicher Entfernung aufstellen, sie an verschiedene Körperteile führen, auf verschiedene Stellen des Körpers setzen, und stets aufs Neue lauschen, ob Unterschiede wahrzunehmen sind.
Nach einer solchen intensiven Beschäftigung ist es sinnvoll, alle Höranalysen wieder zu vergessen und den Klang der Schale in seiner Gesamtheit voll auf sich einwirken zu lassen. Und wenn es scheint, als sei der Klang ganz erloschen, kann man mit seinem inneren Ohr weiter lauschen. Wo bleibt der Klang? Was hört man in der entstandenen Stille? Wie klingt der Körper? Wie das eigene Wesen? Wie die Ruhe?

Fühlen

Es gibt eine Vielzahl von Möglichkeiten, den Klang wirklich zu fühlen. Bringt man eine Schale dicht an den Körper, so fühlt man die Schwingungen durch den gesamten Körper strömen. Die eine Schale wird einen Klang haben, der lange mitschwingt, die andere besitzt einen Klang, der eine kleine, räumlich beschränkte Schwingung hervorbringt, und eine dritte kann vielleicht das Gefühl vermitteln, als würden sich die Schwingungen einen Weg quer durch den Körper bahnen. Um ähnliche Effekte möglichst vielfältig wahrzunehmen, können Sie sich entspannt hinlegen und die Schale auf verschiedene Körperteile setzen: den Bauch, die Brust und eventuell dicht an den Kopf oder auf die Stirn. Und wenn Sie auf einem Stuhl sitzen, können Sie die Schale beispielsweise auf Ihre Füße oder Ihre Oberschenkel stellen. Versuchen Sie neben den verschiedenen Klängen auch verschiedene körperliche Empfindungen zu registrieren.
Vor allem bei größeren Schalen ist die Schwingung oft schon auf Abstand mit der Hand fühlbar wie ein Strom von Luft oder Wärme, der von ihnen ausgeht. Fühlen Sie die Schwingung deutlich, dann können Sie auch probieren, die ganze Klangform in und um die Schale abzutasten.

Streicht man mit den Fingerspitzen sofort nach dem Anschlag an den Seitenrändern entlang, entdeckt man einen weiteren Weg, die Frequenzen zu fühlen und in den Körper aufzunehmen. Sie können auch mit Ihren Lippen oder Ihrer Zunge die Schale berühren oder mit geschlossenen Augen, ohne die Schale an irgendeinder Stelle anzufassen, versuchen, im Körper herauszufühlen, wo der Klang am stärksten durchschwingt und welches Gefühl in den verschiedenen Körperteilen entsteht: lösend, ordnend, entspannend oder aktivierend.
Nach diesen Wahrnehmungs- und Konzentrationsübungen ist in jedem Falle zu empfehlen, wieder kurz zum reinen Klang zurückzukehren und diesen ohne irgendwelche Gedanken oder Analysen auf sich wirken zu lassen. Und machen Sie es wie die Schale: setzen Sie die Luft in Bewegung, atmen Sie einmal gut aus. Holen Sie einige Male tief und ruhig Atem. Erfahrung und Einsicht finden schon ihren Weg, vor allem wenn wir auch loslassen. . .

Schauen

Bei einer Schale, die man gerade angeschlagen hat, ist die Schwingung deutlich am Rand sichtbar. Wenn Sie gut darauf achten, können Sie schließlich verschiedene Schwingungsbewegungen zugleich wahrnehmen und auch auf diese Weise etwas über die Form des Klangs erfahren.
Letztlich ist es sogar möglich, die Schwingungen der Schale wahrzunehmen, nachdem der hörbare Ton entschwunden ist; durch bloßes Schauen, ohne die Schale zu berühren. Wer sich so intensiv mit Klang beschäftigt, wird vielleicht auch im Laufe der Zeit innerlich das Verhältnis von Klang und Form erfahren und Visionen von geometrischen Figuren erleben. Die Form des Klangs offenbart sich direkt auf der inneren Netzhaut; sie benötigt nicht unbedingt ein Medium wie Wasser, Sand oder eine Glasplatte.

Obertöne einsingen

Eine Technik, die zu einer ganz spezifischen Wahrnehmung von Klang führt, ist die, bei der mit der Mundhöhle Obertöne aus der Schale gesondert zur Resonanz gebracht werden. Singt man einen einzigen Ton, so kann man Obertöne hörbar machen, indem man nachfolgende Vokale im Ton mitsingt, und diese Vokale mit der Mundhöhle und der

Zunge deutlich formt. Singt man in einem Atemzug von A nach O, oder von E nach O, oder auch nur das Wort 'Miau', dann erklingen, erst leise und nach einiger Übung stets deutlicher, die Obertöne.
Bringt man den Mund dicht an den Rand einer singenden Schale und formt mit der Mundhöhle auf die eben beschriebene Weise geräuschlos Vokale, kann man die verschiedenen Obertöne aus der Schale 'herausfiltern'. Führen Sie dabei Ihren Mund zu einem Punkt, der von der Stelle, wo Sie angeschlagen haben, um ein Viertel des Gesamtumfangs weiter entfernt ist. Auch hier gilt wieder: ausprobieren ist die beste Methode. Diese Technik macht nicht nur einen neuen Aspekt der Schale hörbar, sie wirkt auch nach innen: die Schwingungen des Klangs resonieren direkt in den Körperhöhlen, vor allem im Kopf, in der Kehle und in der Brust. So wird Klang auch körperlich auf eine neue Weise erfahren.
Wer die Technik des Obertonsingens durch einige Übung besser beherrscht, kann versuchen, eine Tonhöhe der Schale laut mitzusingen und selbst die zugehörigen Obertöne zu finden.
Geschieht dies dicht über dem Schalenrand, erlebt mann, wie einer dieser Obertöne plötzlich vollständig in der Schale mitschwingt und von der Schale direkt in den eigenen Körper übergeht. Es ist eine Erfahrung, deren Beschreibung außerhalb der Grenzen des Möglichen liegt. Wenn man sagt, daß die Grenzen zwischen Körper und Schale verfließen und daß alles Klang wird, ist diese Formulierung nur ein unglücklicher Versuch, dieses Gefühl wiederzugeben. . .

Wasser

Füllt man eine Klangschale mit Wasser, dann ergeben sich auf einfache Weise viele Entdeckungsmöglichkeiten. Beginnen Sie damit, nur ein wenig Wasser einzufüllen und geben Sie stets kleine Mengen zu. Wenn Ringe in einer Schale eingraviert sind, kann das ein Hinweis darauf sein, daß man die Schale bis zu dieser Höhe mit Wasser füllen muß, um einen bestimmten Effekt zu erreichen. Aber auch hier ist wieder alles eine Frage des Experimentierens.
So können Sie stets nachgießend untersuchen, welche Wirkung das Wasser auf den Klang hat und umgekehrt. Drehen Sie die Schale auch, bis das Wasser darin zu kreisen beginnt, reiben und schlagen Sie, bis sich Muster im Wasser ergeben. Vielleicht haben Sie sogar

eine sprühende Schale. . .
Manchmal erzielt man mit Reiben viel eher einen wundervoll singenden Ton, wenn man die Schale zuvor bis zu einer gewissen Höhe mit Wasser füllt.

Mehrere Schalen zusammen

Mit den bisher beschriebenen Methoden kann man jede Schale gesondert in der Vielfalt ihrer Aspekte kennenlernen. Mehrere Schalen zusammen bieten natürlich viel mehr Entdeckungsmöglichkeiten. Auf einige davon möchte ich noch eingehen.
Zunächst interessiert natürlich die Frage, wie klingen zwei Schalen zusammen? Sind sie einzeln zu hören? Setzen sich ihre Klänge voneinander ab? Bilden sie einen harmonischen Zweiklang? Scheinen sie sich aufzuheben (gleiche Wellenlänge) oder verschmelzen sie zu einem neuen Ton (Angleichung)? Auch hier ist es durch intensives Hören und Wahrnehmen möglich, eine Vorstellung von den Wellenbewegungen zu bekommen, die dann entstehen, wenn zwei eigenständige Frequenzen aufeinander treffen. Es gibt Schalen, die beim ersten Hören (scheinbar) denselben Klang besitzen, doch das Gefühl sagt deutlich, daß sie sich unterscheiden. Durch intensives Hören läßt sich der Unterschied herausfinden. Liegt er im Schweben, also in den hörbaren Wellenbewegungen oder in den Obertonreihen, die sich deutlich unterscheiden?
Wie zwei Schalen aufeinander reagieren, ist von Paar zu Paar verschieden. Manche Schalen scheinen ganz besonders aufeinander eingestimmt zu sein. Nehmen wir zum Beispiel zwei im Ton ähnliche Schalen, die eine intensive Obertonreihe hervorbringen, wenn man sie leicht gegeneinander schlägt. Hält man den Mund genau an die Stelle, wo beide Schalen sich berührt haben, kann man innerhalb dieser Obertonreihe allerlei Liedchen singen, indem man selber Obertöne bildet.
Eine ganz besondere Darbietung zusammenwirkender Schwingungen habe ich bei zwei Schalen erlebt, wobei die kleinere auf der umgedrehten größeren stand. Versetzte man die kleinere Schale vorsichtig in Schwung, begann sie sich eigenständig zu drehen und beide Schalen zusammen brachten einen merkwürdigen ziehenden, flötenden Oberton hervor.

Ein offenes Herz und ein offener Geist

Es sei hier nochmals wiederholt: Klangschalen führen in einen Bereich mit unbegrenzten Möglichkeiten, sowohl was das Experimentieren als auch was die innere Wirkung betrifft. Das bedeutet allerdings nicht, daß man dieses Gebiet auch in allen Richtungen erforschen muß. Eine Klangschale ist für uns zunächst einmal zum Genießen bestimmt, ohne weitere Intentionen. Eine durch bestimmte Erwartungen geprägte Haltung behindert die wirkliche Erfahrung eigentlich nur. Die Eile, etwas entdecken zu wollen, kann die eigentliche Entdeckung verzögern.
Darum gilt: Wer etwas von Klang erwartet, wird den größten Reichtum finden, wenn er nichts erwartet. Ein offenes Herz und ein offener Geist sind schließlich die zuverlässigsten Begleiter auf dem Weg nach innen – ins Innere des Klangs und ins innere Ich. Wenn man etwas hört oder auf eine andere Art wahrnimmt, sollte man das Wahrgenommene beobachten, erfahren und danach wieder loslassen. Messen Sie Ihren Erfahrungen keinen allzu großen Wert bei und ziehen Sie keine besonderen Schlußfolgerungen daraus. Berücksichtigt man, daß jeder Mensch Veränderungen unterworfen ist, die auch den Klang stets aufs Neue beeinflussen, dann werden die meisten Phänomene, falls Sie sie wirklich erlebt haben, früher oder später ein weiteres Mal auftreten. Und falls das nicht geschieht, dann haben Sie doch Ihre Freude an den Phänomenen gehabt. Ohne sich allzusehr an etwas zu klammern, halten Sie sich den Weg für die folgende Erfahrung offen.

Therapeutischer Einsatz

Es ist nicht zu leugnen, daß der Klang singender Schalen eine Wirkung auf den Menschen hat. Darum werden diese Schalen stets häufiger als therapeutisches Mittel eingesetzt. Wie die ursprünglichen Hersteller und Benutzer, wer diese auch gewesen sein mögen, darüber gedacht haben, können wir nur vermuten. Auch wenn wir annehmen, daß das 'holistische Denken' unserer Zeit keinen Unterschied zwischen Körper und Geist macht, so ist doch die Idee, beide Begriffe zusammenzudenken, eine Vorstellung, die wir erst mühsam zurückgewinnen müssen, quer durch alle analytischen Denkprozesse hindurch, an die wir gewöhnt sind. Die ursprüngliche schamanistische Auffassung einer Einheit von Körper und Geist war ganz anders. Die Auffassung war nicht konstruiert oder zurückgewonnen, sondern wurde ursprünglich und unverbildet, wie eine natürliche Gegebenheit erfahren. Wir können also nicht davon ausgehen, daß wir uns ebenso verhalten, wir können nicht für uns beanspruchen, daß wir die ursprüngliche Denkweise wiedergefunden haben, das einzige was wir tun können, ist von den alten Traditionen lernen und unserem eigenen Weg folgen.

Wer nach einer persönlicher Erkundungsreise den Klang entdeckt und die Wirkung auf Körper und Geist erlebt hat, hegt vielleicht den Wunsch oder Plan, zum Nutzen anderer mit Klangschalen zu arbeiten (als Klangtherapeut oder als Ergänzung zu anderen Techniken, die man bereits anwendet). In diesem Fall kann man sich an einen der verschiedenen Klangtherapeuten wenden und während einer Behandlung unterschiedliche Arbeitsformen kennenlernen. So eine Klangbehandlung, eventuell auch ein Konzert oder eine Demonstration, ist auch für den, der zwar Interesse hat, aber nicht unbedingt eine Klangschale besitzen möchte, eine gute Möglichkeit, die Wirkung von Klang zu erfahren. Diese Therapeuten geben manchmal auch Workshops, bei denen sie tiefer auf das Erleben und die Wirkung von Klang eingehen. Hier trifft man auf Gleichgesinnte, mit denen man möglicherweise auf dem weiteren Lehrpfad zusammenarbeiten kann, z.B. als gegenseitige Versuchsperson. Man kann sich auch nach den Workshops noch verabreden und gemeinsam zusammenarbeiten, Neues entdecken und ausprobieren.
Wer sich sicher genug fühlt, kann anschließend im eigenen Familien- oder Freundeskreis das Gelernte Schritt für Schritt auf andere anwenden. Dabei ist es für den Lernprozeß wichtig, mit 'Freiwilligen' zu arbeiten, die bereit sind, in jeder Phase über ihre Erfahrungen zu sprechen. So testet der Therapeut in spe, was passiert und was ausgelöst wird. Später, bei 'offiziellen' Klienten, ist es nicht immer möglich, nach dem Geschehenen und dem Erlebten zu fragen. Viele Menschen können ihre Erfahrungen nicht beschreiben oder wollen sie lieber selbst in Stille weiterwirken lassen.
Deshalb ist auch hier Erkunden und Üben ebenso wichtig wie bei jeder anderen therapeutischen Technik, die man auf andere anwenden möchte.

Teil 5

Zimbeln, Donnerkeil und Glocken

'Auf Wiedersehen', sagte der Fuchs,
'dies ist mein Geheimnis, es ist ganz einfach,
nur mit dem Herzen kannst du sehen,
das Wesentliche ist für das Auge unsichtbar.'

Antoine de Saint-Exupery
(Der kleine Prinz)

Zimbeln

Wer ein Konzert oder eine Massage mit Klangschalen empfängt, macht meistens auch Bekanntschaft mit dem durchdringenden, singenden Geräusch von Zimbeln. Genau wie die Klangschalen sind diese kleinen Becken, die meistens als Paar an einer Kordel oder einem Riemen befestigt sind, rituelle Gebrauchsgegenstände.
Sie werden gerne von buddhistischen Mönchen verwendet, sind aber auch bekannt aus der schamanistischen Tradition. Es ist nicht mehr deutlich, wo der Ursprung liegt. Es steht aber fest, daß sie im allgemeinen – genau wie die Klangschalen – aus sieben Metallen hergestellt werden. Bei den Zimbeln ist das Eisen ersetzt worden durch Meteorit, das himmlische Metall aus eingeschlagenen Meteoritbrocken, das den Instrumenten ihren perlmuttartigen Glanz verleiht.
Leider ist Meteorit ein Stoff, der nur in begrenztem Maße verfügbar ist, und nicht alle Zimbeln beinhalten dieses Metall. Die Endlegierung wird gegossen und gedreht, um eine saubere Form und einen sauberen Klang zu bekommen. Zimbeln gibt es in verschiedenen Größen, jede mit einem eigenen Klang. Zimbeln sind meistens glatt, aber es gibt auch dekorierte Zimbeln, z. B. mit einem Drachenmotiv oder die nebenan abgebildeten mit den acht Glückszeichen, den *Ashtamangalas*.
Meistens sind die Zimbeln als Paar an einer Kordel, einer Kette oder einem Stückchen Leder befestigt. Es gibt aber auch Zimbeln, die nur aus einem Becken bestehen und an einer, meist sehr schön verzierten und mit einem Schlegel versehenen Kordel hängen. Für Zimbeln gilt in etwa das gleiche wie für Klangschalen. Sie werden nicht mehr in der alten Tradition hergestellt. Die alten, die es noch gibt, sind rar.
So gibt es heute gestimmte und ungestimmte Zimbelpaare zu kaufen. Bei den ungestimmten wird meist ein kleiner Klangunterschied zwischen den beiden Becken zu hören sein, wodurch sie manchmal einen reibenden, drehenden Klang produzieren. Dieser Klangeffekt kann faszinierend wirken und kann physische Sensationen hervorrufen, die manchmal sehr angenehm sind. Es lohnt sich aber trotzdem, gut auf folgendes zu achten:
Man möge nie Zimbeln kaufen, die sofort ein Gefühl von Irritation in einem wecken, und wer je nach dem Genießen des Klangs einer Zimbel ins Bett geht und merkt, daß er oder sie hellwach und gespannt wie eine Saite im Bett liegt, scheint das Opfer eines Effekts zu sein, der manchmal bei diesen ungestimmten Zimbeln auftritt. Gestimmte Zimbeln sind auf zweierlei Art zu erkennen. Die erste ist sehr einfach: Am Rand des einen oder beider

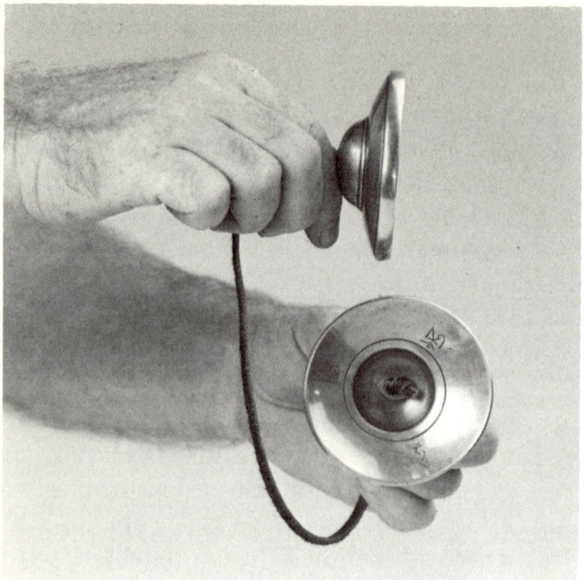

Links
Um eine durchdringende Wirkung zu erzielen, werden die Zimbeln im rechten Winkel leicht gegeneinander geschlagen.

Rechts
Wenn man die Zimbeln waagrecht aneinander klingen läßt, entsteht ein sanfterer, singender Klang. Sie können auch einzeln mit einem harten Stück Holz oder einem Metallstab zum Klingen gebracht werden. Dabei können Sie deutlich den minimalen Tonhöhenunterschied hören, die Zimbeln häufig haben, und der einen farbigen Klangeffekt hervorruft.

Becken sind kleine Kratzer, kleine Stücke Metall sind entfernt worden, um den Klang eines Beckens genau dem anderen anzupassen. Für die andere Methode schlägt man die Zimbeln an, dämpft eine ab, hält diese Zimbel auf dem Kopf unter das noch klingende Becken und dämpft dann das klingende Becken ab. Bei einem gestimmten Paar wird das auf den Kopf gehaltene Becken den Ton des anderen übernehmen: Man hört ihn darin weitersingen.
Wahrscheinlich wegen ihres außergewöhnlich sauberen Klanges sind Zimbeln eines begehrtes Sammelobjekt bei Musikern. Manch ein berühmter Dirigent hat ein paar Zimbeln in seiner Kollektion.

Meditativer Gebrauch

Der kristallreine Klang eines gestimmten Zimbelpaares hat einen ganz besonderen Einfluß auf die Funktion des Geistes. Hält man vor jedes Ohr eine klingende Zimbel, entsteht

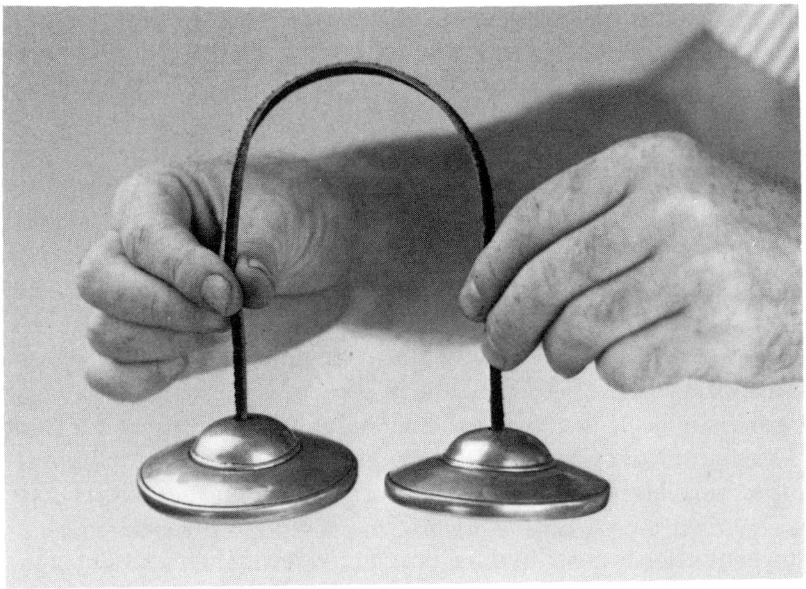

ein Stereo-Effekt: Es ist als ob der Klang mitten im Kopf singt und alles wegfegt, was dort noch an Gedanken anwesend ist.

Dries Langeveld umschreibt diese Erfahrung wie folgt: ‘In deinem Kopf ist eine Stille entstanden. Es ist, als ob ein Tropfen Honig durch dein Gehirn fließt, ich fühle mich physisch transparent werden, eine Weite tut sich auf...’ In den tibetisch- buddhistischen Meditationsritualen werden die Zimbeln auf verschiedene Arten genutzt. Bei bestimmten kollektiven Meditationsformen bringt der helle Klang die während der Übung abgeschweiften Meditationsschüler zurück in die kristallklare Leere des Nichtdenkens, so wie es der Klaps mit dem Stock auf die Schulter bei der Zen-Meditation bewirken soll. Dieser Klangeffekt ist unmittelbar beim ersten Anschlagen und er bleibt lange bestehen, auch nachdem das Geräusch in den physischen Ohren aufgehört hat. Der Klang der Zimbeln wird auch benutzt, um den Anfang und das Ende einer Meditationsübung anzugeben. Er wird auch zur Invokation genutzt: Um Buddha in einem seiner Aspekte oder eine Gottheit oder einen Geist anzurufen durch Klang, während der Klang selber als eine Art Opfergabe an den Angerufenen dient.

Ritueller Gebrauch

Die spezielle Wirkung der Zimbeln auf den Geist bringt uns zu ihrem ursprünglichen Gebrauch durch Schamanen und später durch buddhistische Lamas. Wenn jemand verstorben war, hockte sich der Schamane oder Lama neben den gerade Verstorbenen und tippte die Becken seiner Zimbeln direkt vor seinen eigenen Augen gegeneinander an, um sie direkt danach nahe an sein Ohr zu halten. Sofort entstand die Leere in seinem Geist, die das Kennzeichen eines veränderten Bewußtseinszustandes ist. Mit Hilfe seiner Zimbeln betrat der Lama eine andere Wirklichkeit, in diesem Fall das Übergangsgebiet (tibet.: *bardo*), in dem sich die Seele des Verstorbenen befand. So konnte er der Seele helfen, den Schreck, die Verwirrung der Sterbenserfahrung zu überwinden und ihm mit sehr speziellen Instruktionen beizustehen, um sich völlig von seinem Körper lösen zu können, um die verschiedenen Stadien dieses Loslösungsprozesses gut zu überstehen. Auf diese Weise konnte der Sterbende den Schritt in die Unendlichkeit machen und sich aus dem Rad der Wiedergeburt befreien.

Therapeutischer Gebrauch

Obwohl bei den Klangschalen vermieden worden ist, spezielle therapeutische Anwendungen zu erwähnen, muß hier bei den Zimbeln eine Ausnahme gemacht werden. Es geht um dabei um eine besondere Art, diesen sauberen und reinigenden Klang zu gebrauchen. Über die Aura ist nun mittlerweile das eine oder andere bekannt, auch was man evtl. für die Aura tun kann. Bei Störungen im fleischlichen Körper, den wir meistens kurzerhand als 'den Körper' bezeichnen, wissen wir meist auch, was wir tun können oder zu wem wir gehen müssen, um Hilfe zu bekommen. Aber ein Mensch besteht nicht nur aus dem fleischlichen Körper und der Aura allein. Es gibt verschiedene Körper. Einer davon ist der sogenannte Ätherische Leib. Er sitzt direkt über der Haut und viele Menschen nehmen ihn auch wahr als eine weiße, etwas wollige, etwas größere Kontur rund um den physischen Leib. Dieser Ätherische Leib fungiert als universaler Informationsfilter, d.h., daß jede Information von außen, welcher Art auch immer, durch diesen Leib aufgefangen wird und an den richtigen Ort weitergegeben wird. So kann alles, was von außen auf uns einwirkt, gut verarbeitet werden und man kann sehr adäquat darauf reagieren. Ein Mensch mit einem intakten ätherischen Leib ist immer imstande, das, was auf ihn zukommt, zu verarbeiten und darauf in angemessener Weise zu reagieren. Er wird sehr beständig gegen Panik sein. Wenn bei jemandem schwache Stellen oder sogar Löcher im ätherischen Leib entstanden sind, verändern sich seine Reaktionen auf Impulse von außen beachtlich. Sie schleichen sich oft aus einer 'verkehrten Ecke' ein und es entsteht schneller Panik. Löcher im ätherischen Leib entstehen vor allen Dingen durch den Gebrauch von Drogen (auch durch 'weiche Drogen') und bestimmte allopathische Medikamente wie z.B. Antibiotika. Der ätherische Leib verfügt über ein Selbstheilungsvermögen, aber bei großen Löchern ist auch dieses Vermögen geschwächt und wird es sehr lange dauern, bis vollständige Heilung eingetreten ist.

Klang, insbesondere der Klang von Zimbeln, ist hier eine große Hilfe. Eine solche Klangbehandlung kann sehr schnell die Formung eines neuen Netzwerkes von 'Verbindungsdrähten' einleiten, wodurch die fortschreitende Heilung der Löcher leichter und flotter verläuft. Menschen, die mit verschiedenen Zimbeln in einer bestimmten Klangfolge behandelt wurden, fühlen sich sofort wohler, angenehmer in ihrem Leib. Ein anderer zweckmäßiger Gebrauch der Zimbeln beruht auf der reinigenden Wirkung des Klangs. Wenn man die Zimbeln in den vier Ecken eines Raumes erklingen läßt, wird die anwesende Energie in der Klangvibration aufgelöst und der Raum wird wieder offen und neutral.

Donnerkeil und Glocke

Die Glocke ist ein Klanginstrument, das ebenso wie die Zimbeln Geister und Götter hervorruft. Im Schamanismus wurden die Glocken gebraucht, um die Geister zu rufen; ihr Ton steht für das Element Luft, das Reich der Geister. In den buddhistischen Pujas (Gebetsdienste) wird die Glocke in dem Moment geläutet, in dem sich die Buddha-Form, für die das Ritual abgehalten wird, im Raum befindet. Der Klang der Glocke wird als eine Art Opfer an Buddha betrachtet. Die Glocken werden aus einer Bronze herstellt, die oft auch etwas Silber enthält; der Klang wird unter anderem dadurch bestimmt, wie hoch der Silbergehalt der Glocke ist. Die Wahl des Klanges ist sehr persönlich. So sagte einmal ein Lama zu mir: 'Du mußt nach deinem eigenen Herzensgefühl beurteilen.' Aber wer die Glocke nur als Klanginstrument betrachtet, weiß nicht um ihre größte Bedeutung, die sie,

Im Schamanismus wird die Glocke manchmal durch das Reiben eines Stockes um ihre Kante zum Klingen gebracht, was einen hohen, singenden Ton hervorruft.

meist in symbolischer Einheit mit dem Donnerkeil, in der tibetisch-buddhistischen Tradition hat. Um dies verstehen zu können, müssen wir erst etwas mehr über den Buddhismus wissen.

Kern der buddhistischen Lebensbetrachtung sind die vier ewigen Wahrheiten:

1. Der Mensch leidet, da er an das irdische Dasein gebunden ist.
2. Der Ursprung des Leidens sind Begierde, Haß und Unwissenheit.
3. Das Leiden kann aufgehoben werden.
4. Dies kann dadurch erreicht werden, indem man den Ursprung des Leidens beseitigt.

Jeder Mensch kann dadurch, daß er den richtigen Pfad beschreitet, erleuchtet werden. Jede buddhistische Strömung ist im Grunde Teil einer der drei großen Hauptströme oder auch Fahrzeuge: Hinayana, Mahayana und Vajrayana oder Tantrayana. In Mahayana und Tantrayana geht man davon aus, daß nur vollkommene Erlösung erreicht werden kann, wenn jedes lebende Wesen erleuchtet ist. Jeder, der nach dieser Erleuchtung strebt, tut dieses für alle lebenden Wesen. Lamas sind die menschlichen erleuchteten Lehrer auf diesem Pfad. Abbildungen von Buddhas (Prinzipien von Erleuchtung), transzendente Bodhisattvas (verkörperte Aspekte von Hilfe und Mitleid) und Götter (Personifizierung aller Aspekte der menschlichen Art) dienen als Stütze. Sie werden begleitet durch eine Vielzahl an symbolischen Gegenständen. Ein Basisprinzip des Tibet-Tantra ist die Kombination von Disziplin und Weisheit. Disziplin sieht man vor allen Dingen als Barmherzigkeit, Weisheit als das Bewußtsein, das die Leere beinhaltet. Mit diesem Begriff 'Leere' wird ge-

meint, daß nichts für sich allein steht. Alles, was wir wahrnehmen, besteht nur, weil es etwas gibt, wodurch es verursacht wurde. Glocke (Sanskr.: *ghanta*, Tib.: *dril bhu*) und der diamantene Zepter oder Donnerkeil (Sanskr.: *vajra*, Tib.: *dorje*) sind die Symbole von Weisheit und Disziplin. Der Donnerkeil ist das Symbol für das Unverwüstliche, das männliche Prinzip, das Heilsmittel. Die Glocke ist das Symbol für die Leere, für das weibliche Prinzip, die Weisheit. Wenn diese beiden vereint werden, entsteht innere mystische Einheit. In *Puja* (Gruppengebet, Opferdienst) und *Sadhana* (Individuelle Selbstverwirklichungsmethode) werden Glocke und Donnerkeil bei den rituellen Handgebärden, den *Mudras,* verwendet. Derjenige, der ein Ritual ausführt und diese innere mystische Einheit ausdrücken möchte, kreuzt seine Hände in Höhe des Herzens, in der sog. *Mahamudra*, die einen Daseinszustand von höchster Erleuchtung beinhaltet. (*maha* = groß, *mu* = Lehre der Weisheit, *dra* = alles) Man übersetzt *Mahamudra* meistens mit den Worten 'Großes Symbol'.
Im Tibetischen spricht man von *Tab Sherab*. *Tab* ist die Einsichtsmeditation der Leere, ausgedrückt durch die Glocke; *Sherab* ist die Meditation von der Disziplin, ausgedrückt durch den Donnerkeil. In der tantrischen Tradition sind Donnerkeil und Glocke spezielle Lama-Werkzeuge, da nur ein hochstehender Lama ständig in *Tab Sherab* verkehrt, und nur der Lama diesen mystischen Bewußtseinszustand auf andere lebende Wesen übertragen kann. Erst wenn ein Lehrling genügend Initiationen auf dem Pfad der Erleuchtung vom Lama empfangen hat, darf er in der tantrischen Tradition eine eigene Glocke und einen eigenen Donnerkeil gebrauchen. Man geht dabei davon aus, daß das alleinige Festhalten der heiligen Gegenstände überhaupt keinen Effekt hat; die Wirkung ist erst vorhanden, wenn das Herz imstande ist, die symbolische Bedeutung in sich eindringen zu lassen – und stattfinden zu lassen!
Wer, angezogen durch den sauberen Klang der Glocke, sich eine angeschafft hat und sie als Meditationsobjekt gebrauchen möchte, sollte in jedem Fall versuchen, die symbolische Bedeutung so gut wie möglich in sein Bewußtsein eindringen zu lassen. Die Leere wird durch den Klang symbolisiert. Der Klang ist nämlich nicht ein für sich selbst stehendes Etwas, er entsteht erst, wenn eine Glocke und ein Schlegel da sind und jemand, der beide miteinander in Berührung bringt. Aus dieser Berührung erfolgt dann der Ton. Dieser Ton entsteht also aus der Leere und verschwindet auch wieder in die Leere. Eine Übung mit der Glocke könnte dann auch wie folgt verlaufen: Man mache seinen Geist leer und lasse alle Erscheinungen, die darin entstehen, fallen. Wenn der Geist so leer wie

möglich ist, lasse man die Glocke erklingen. Man lausche, wie das Geräusch entsteht, wie es aufklingt und wie es langsam auch wieder aufhört.

Donnerkeil und Glocke sind lediglich äußerliche Symbole eines inneren Daseinszustandes, aber ihr Äußeres ist auch vollkommen symbolisch; jeder Teil hat eine Bedeutung. Diese Bedeutungen werden hier kurz zusammengefaßt. Wer eine ausführlichere Beschreibung aller genannten Aspekte haben möchte, den verweise ich z.B. an das Buddha-Buch, worin u.a. eine vollständige Übersicht der fünf Buddha-Familien beschrieben ist.

Der Donnerkeil

Bei einem sog. friedlichen Donnerkeil berühren die Speichen einander an den äußeren Enden; bei einem wütenden Donnerkeil weichen die Speichen etwas auseinander. Rituelle Gegenstände, wie Glocke, Dolch, Hackmesser haben einen Handgriff von einem Donnerkeilkopf; für sich stehende Donnerkeile haben zwei Köpfe; es gibt auch doppelte Donnerkeile (*Vishvavajra*) mit vier Köpfen, aber die kommen hauptsächlich auf Abbildungen vor. Die oberste Hälfte des Donnerkeils symbolisiert das Männliche, die untere Hälfte das Weibliche. Von oben nach unten sehen wir dann das folgende: Erst die fünf Speichen, Symbol der fünf *Jinas* (transzendente Buddhas), die die fünf Formen der mystischen Weisheit verkörpern. Die vier äußeren Speichen, die sich um die fünf inneren herumlegen, kommen alle aus dem offenen Maul eines Seemonsters hervor; dieses symbolisiert die Befreiung aus dem Kreislauf der Wiedergeburt. Darunter ist eine halbe Kugel mit acht Lotusblättern, die die acht Bodhisattvas darstellen. Der Mittelpunkt des Donnerkeiles besteht aus einer Kugel, Symbol der Synthese, der Punkt, in dem alles beschlossen liegt. Die untere Hälfte des Donnerkeils ist das Spiegelbild der oberen. Hier vertreten die acht Lotusblätter die acht Dakinis (auch Göttinnen genannt) der Bodhisattvas, die fünf Speichen symbolisieren die fünf Buddha-Dakinis oder Mütter.

Die Glocke

Der Handgriff der Glocke ist ein Donnerkeil-Kopf, der auf einer Mondscheibe ruht. Darunter ist ein Gesicht zu sehen. Nach einer Überlieferung ist dieses das Gesicht der Göttin oder weiblichen Bodhisattvas *Prajnaparamita*, die Verkörperung der vollkommenen transzendenten Weisheit; nach einer anderen Überlieferung ist es das Gesicht von *Vairocana*, der Verkörperung der universellen Wahrheit, des Dharma. Wenn man von oben auf die Glocke schaut, sieht man das Mandala. (abgebildet in dem Kreis auf Seite 53)

Vom Zentrum zum Rand hin sieht man darin die folgenden Teile:

Ein Kranz aus acht Lotusblättern, die das Mandala der Stimme der Götter formt, und in den Blättern geschrieben die Mantras der fünf Jinas. Drumherum ist ein breiter Streifen aus Verzierungen, worin man oft Donnerkeile erkennen kann. Die äußerste (unterste) Umrandung ist ausgefüllt mit exakt einundfünfzig Donnerkeilen, die für die einundfünfzig kleinen Unwissenheiten stehen, welche durch die Glocke aufgeklärt werden können. Das Klangmantra der Glocke ist das *AUM*, die das Vollendete symbolisiert und das als der Klang von Körper, Sprache und Geist des Buddha beschrieben wird – und auch als Symbol der Stimme aller Götter zusammen.

Ikonographie

In der reichen Bilderwelt des Mahayana und des Tantrayana kommen Donnerkeil und Glocke häufig vor. Besonders den Donnerkeil sehen wir mitunter auch ohne den Glockenteil, dafür aber mit anderen Attributen. Die Glocke wird nur ein einziges Mal ohne den Donnerkeil dargestellt. So nimmt der Buddha Amitabha, in tantrischer Vereinigung mit seinem weiblichen Partner (*Prajna*), eine Glocke und einen Bettelnapf, woraus ein Asokabäumchen entspringt als Symbol der sorglosen Glückseligkeit des Zwischenparadieses, *Sukhavati,* in dem Amitabha der Herrscher ist. Buddha Amoghasiddhi hantiert auf Abbildungen, wo er in tantrischer Vereinigung mit seiner *Prajna* Tara sitzt, mit Glocke und Schwert, den symbolischen Vernichtern aller Unwissenheit. Auf bestimmten Abbildungen von Vairocana sehen wir die Kombination von Glocke und *Dharmachakra* (das Rad der Lehre).

Vairocana, der Ur-Buddha, wird Vajradhara genannt, wann immer er in der klassischen Mahamudra abgebildet wird mit Glocke und Donnerkeil. Eine ähnliche Stellung mit Glocke und Donnerkeil hat *Vajrasattva.* In Nepal wird dieser Buddha als der Ur-Buddha betrachtet, jener, welcher vor allen anderen war, der Herr, der aus sich selbst entstand. In Tibet heißt er *Dorje Sempa* und wird betrachtet als die Essenz des Körpers aller Buddhas. Bei ihm sind Donnerkeil und Glocke Symbole der vollendeten Barmherzigkeit und der vollendeten Weisheit und sein Gebet ist das der vollendeten Freude. Sie sehen ihn hier nebenan abgebildet.

Der Lama bei der Arbeit

Einen Lama mit Donnerkeil und Glocke arbeiten zu sehen ist eine außergewöhnliche Erfahrung, die in vielen Büchern über Tibet und den tibetischen Buddhismus in Worten der Verwunderung und der Ehrerbietung beschrieben wird. Ich hatte die Ehre, es bei meinem Besuch des Lama Gawang in Lelystad mitzuerleben. Seine prächtige, mit Türkisen geschmückte Glocke und Donnerkeil lagen vor ihm auf einem Gartentisch in der Sonne. Lama Gawang erklärte, was er tat. Die Glocke ist der weibliche Teil, der Donnerkeil der männliche. Aber das weibliche Herz weist nach rechts und das männliche Herz nach links; darum legen wir den Donnerkeil nach links und die Glocke nach rechts vor uns. Wann immer der Lama das Ritual für sich selber absolviert, hält er das Gesicht, welches auf der Glocke abgebildet ist, zu sich hingekehrt, ist es für andere gedacht, dann kehrt er das Gesicht von sich ab zu den anderen hin. Erst wird der Donnerkeil mit der rechten, der männlichen Hand, angehoben, danach die Glocke mit der linken, der weiblichen Hand. Die Hände des Lama beschreiben wunderschöne stilisierte Bögen, wobei Donnerkeil und Glocke stets in einer fließenden Bewegung die Position verändern. 'Die Bewegungen der Hände symbolisieren die Aktivitäten der Götter, während sie tanzen', sagt der Lama. 'Der Tanz hält meine Aufmerksamkeit gefangen, aber die Bewegungen schreiten voran, noch ehe ich sie selber richtig habe wahrnehmen können.' Mit einem leichten, heiteren Lächeln kreuzt der Lama seine Hände vor der Brust. 'Der Donnerkeil wird etwas höher als die Glocke gehalten,' sagte er, 'dies ist Tab Sherab. Durch Tab wird das Ego kleiner gemacht, durch Sherab wird es gereinigt. Wenn das Ego losgelöst ist, ist alles Leiden aufgelöst. Es ist die Arbeit des Lama, dieses zu unterrichten; es ist die Arbeit des Lehrlings, um zu meditieren, auf daß er das Ego entmachten kann.' Der Lama ist der Leiter. Tilopa, der Gründer unseres Ordens der *Kagyu-pas*, sagte zu seinem Schüler: 'Ich habe dir den Weg gewiesen, wie du zu Buddha kommst, aber gehen mußt du selber.'

Abschluß

Einzig das Geräusch –
es war ja auch ein Abend
von Sommerregen.

Issa
(japanischer Haiku-Dichter)

Das Wasser in der Schale glänzt.
Ich schlage gegen den Rand, erst vorsichtig, dann etwas kräftiger. Erst langsam, dann in schnellerer Kadenz. . .
Das Wasser kräuselt sich in einem feinen Grätenmuster, wie es auch auf dem Schalenrand eingraviert ist, aber dann unendlich wiederholt. Und plötzlich geschieht das Wunder erneut. An vier Stellen springen Wassertropfen auf, höher und höher, bis die kugelrunden Silbertropfen viele Zentimeter über den Rand hinaussprühen und mit einem hellen Klatschen wieder zurück in die Schale fallen und den vertrauten singenden Klang mit ihrem sprühenden Geräusch begleiten.
Ich weiß nicht, woher diese Schale stammt, wann, warum und von wem sie hergestellt wurde. Nach allen Studien und allen Nachforschungen weiß ich es noch immer nicht. Ich weiß nicht einmal, ob der Schöpfer diesen hinreißenden Effekt beabsichtigte, als er mit noch stets erkennbaren Hammerschlägen das Metall formte, als er Figuren eingravierte und die matte schwarze Lackschicht anbrachte, die jetzt halb abgenutzt ist. Vielleicht würde er sich schütteln vor Lachen, wenn er mich jetzt so tätig sähe. Vielleicht wäre er glücklich, daß sein Werk noch immer eine Verwendung findet. Vielleicht würde er mich sogar für dumm halten, weil ich offensichtlich nichts begreife. Mir ist es egal. 'Das Wichtigste ist der Klang'. . .

Neue Bücher und CDs im Verlag Binkey Kok

Anneke Huyser
Klangschalen in der therapeutischen Praxis
Entspannung • Klangmassage • Chakrameditation
Die machtvollen tibetischen Klangschalen können tiefgreifende Wirkungen auf das Wohlbefinden von Körper, Seele und Geist haben. Ihre Wirkungsweise ist vielfältig: nicht nur das Ohr leitet die heilsamen Klänge in jede Zelle unseres Körpers, unsere gesamte Hautoberfläche ist eine Aufnahmestation für die Schwingungen der singenden Schalen aus dem Himalaya. Diese Wirkungen werden immer mehr von all denjenigen geschätzt, die Klangschalen für Meditation und Therapie verwenden, um den Menschen zu helfen, sich selbst wieder in Balance und Harmonie zu bringen.
In diesem Buch werden die wichtigsten Aspekte zum Verständnis und zur Anwendung der heilenden und transformierenden Möglichkeiten der Klangschalen ausführlich dargestellt:
- Die Kraft ihrer Klänge.
- Die vielseitige archaische Ursymbolik der Klangschalen, bei der die Einheit der weiblichen und männlichen Energien eine große Rolle spielt.
- Die Metalle, aus denen die Klangschalen bestehen, und die Verbindung dieser Metalle mit den sieben traditionellen Planeten.

• Die Planetentöne der Schalen, ihre Farb- und Chakraentsprechungen.
• Die praktischen Anwendungen der Klangschalen für Klangmassage und Therapie.

Ein Übungsprogramm lädt die Leser ein, eigene Erfahrungen mit Klängen, Tönen, Schwingungen, Farben und inneren Erlebnissen zu gewinnen.

120 Seiten, Paperback ISBN 90-74597-38-6

Rainer Tillmann
Sabda - The Purity of Sound

Rainer Tillman spielt auf kunstvolle Weise mit den Klangschalen, deren Klänge sich als kosmischer Klangteppich ausbreiten. Sehr gut für Meditation, Massage, Yoga und als Hintergrundklang für meditative Stimmung geeignet.

70 Minuten CD • BK1056

Rainer Tillmann
Nada – The Sounds of the Planets/1
Meditationen mit den Klängen der tibetischen Klangschalen

Diese Aufnahme verbindet die Harmonien unseres Sonnensystems mit den Harmonien unseres Wesens. Wunderschöne meditative Klangschalenklänge eröffnen neue Hörräume.
Diese CD enthält: Jahreston/OM – Die Vibration des Erdenjahres; Saturn, Venus, Sonnenton.

73 Minuten CD • BK1057

Rainer Tillmann
Nada - The Sounds of the Planets/2
Meditationen mit den Klängen der tibetischen Klangschalen

Diese Aufnahme verbindet die Harmonien unseres Sonnensystems mit den Harmonien unseres Wesens. Wunderschöne meditative Klangschalenklänge eröffnen neue Hörräume.
Diese CD enthält: Synodischer Mond, Neptun, Pluto, Jupiter, Uranus, Mars, Tageston der Erde, Merkur. Erstklassige Aufnahmen, wunderbar entspannend.

73 Minuten CD • BK1058

CD-Sampler
Singing Bowls Didgeridoo Asian Gongs & Temple Bells for Meditation

Acht wunderschöne Aufnahme mit Klang-schalen, Asiatischen Gongs, Tempelglocken, Didgeridoo zum Anhören, Genießen, Meditieren. Eine gelungene Auswahl aus den verschiedenen CDs Nada, Sabda, Singing Bowl, Chakra Meditation etc.

BK-1059 • 60 Minuten CD

Auf Wunsch senden wir Ihnen einen ausführlichen Gesamtprospekt.
BM-Vertriebsservice – Postfach 1123 – D 21394 Kirchgellersen – Fax: 04135-7745

Quellen- und Literaturverzeichnis

Ich danke **Hans de Back, Danny Becher und Lisa Borstlap, Erik Bruijn, Dries Langeveld, Joska Soos, Margot Kool und Koosje van der Zalm, Lama Gawang und Gembo Tsogyu, Dr. Bob F. Deys und Juultje Tatrai** für ihre Unterstützung. Mein Dank auch an **Ronald Chavers** für seinen jahrelangen Unterricht in Schamanismus, den ich von ihm erhielt.

Lao Tze: Tau Te Tsjing,
Den Haag (Mirananda); deutsche Empfehlung:
Laotse: Tao Te King (Übers. von Richard Wilhelm), Köln 1978 (Diederichs)

Hazrat Inayat Khan: Musik und Kosmische Harmonie aus mystischer Sicht,
Heilbronn 1984 (Verlag Heilbronn)

Erik Bruijn: Tantra, Yoga en Meditatie, De Tibetaanse weg naar verlichting,
Deventer 1980 (Ankh-Hermes)

Alexandra David-Neel: Heilige und Hexer in Tibet,
Wiesbaden 1983 (Brockhaus)

Benjamin Hoff: Tao Te Puh,
Essen 1987 (Synthesis)

Joska Soos: Ik genees niet, ik herstel de harmonie,
Amsterdam 1985 (Karnak)

Robert K. G. Temple: China, 3000 jaar uitvindingen en ontdekkingen,
Van Holkema en Warendorf 1988

Joachim Ernst Berendt: Nada Brahma – Die Welt ist Klang,
Reinbek 1985 (rororo)

Terence Dixon und Tony Buzan: Hersenen,
Den Haag 1979 (Zuidgroep)

Swami Probhupada Bhaktivedanta: Die Bhagavad Gita wie sie ist,
Bhaktivedanta Book Trust

J. van Tooren: Haiku Een jonge maan,
Amsterdam 1973 (Meulenhoff)

Tarthang Tulku: Verborgen vrijheid,
Amsterdam 1983 (Karnak)

Lama Lödo: Bardo, de weg van dood en wedergeboorte,
Amsterdam 1989 (De Driehoek)

Frans Boenders: Tibetaans Dagboek,
Brüssel 1987 (Uitg. BRT)

A. de Saint-Exupéry: Der kleine Prinz,
Rotterdam 1980

BRES 10, okt.-nov. 1986
Dries Langeveld: Het raadsel van de zingende schalen

BRES 157, dec.-jan. 1992/93
Dries Langeveld: De Kristallen Bol

PRANA 53, najaar 1988
Themanummer 'Muziek en Muziektherapie'

ONKRUID 61, maart/april 1988
Pag. 63 t/m 101 Jubileumthema: Muziek, feest en verklankte spiritualiteit

Inhalt

	Einführung	**3**
Teil 1	**Erste Bekanntschaft** Begegnung zwischen Ost und West 9 – Meister des Klangs 11	**7**
Teil 2	**Geschichte** Der Ursprung der Dinge 19 – Klingende Steine und sprühende Schalen 21 Klangschalen, Opferschalen, Eßgeschirr 23	**17**
Teil 3	**Wirkung** Äußere Merkmale 31 – Klang ist Form 34 – Natürliche Harmonien 35 – Angleichung und innere Massage 37 – Schamanismus und Gehirnströme 38	**29**
Teil 4	**Praxis** Der eigene Klang ist immer einzigartig 43 – Eine Möglichkeit der Wahl 44 Zubehör 47 – Wegweiser im Wunderland 50 – Ein offenes Herz und ein offener Geist 56 – Therapeutischer Einsatz 56	**41**
Teil 5	**Zimbeln, Donnerkeil und Glocken** Zimbeln 61 – Donnerkeil und Glocken 66	**59**
	Abschluß	**75**
	Quellenverzeichnis	**78**
	Inhalt	**80**